Jim Bradford mit Andy Hardin
Für immer beste Freunde
Der blinde Junge, der mir die Welt erklärte

Jim Bradford mit Andy Hardin

FÜR IMMER BESTE
FREUNDE

Der blinde Junge, der mir die Welt erklärte

Aus dem amerikanischen Englisch
von Anja Schäfer

SCM

Hänssler

SCM

Stiftung Christliche Medien

Der SCM Verlag ist eine Gesellschaft der Stiftung Christliche Medien, einer gemeinnützigen Stiftung, die sich für die Förderung und Verbreitung christlicher Bücher, Zeitschriften, Filme und Musik einsetzt.

© der deutschen Ausgabe 2017
SCM-Verlag GmbH & Co. KG · Max-Eyth-Straße 41 · 71088 Holzgerlingen
Internet: www.scm-haenssler.de · E-Mail: info@scm-haenssler.de

Originally published in English under the title: *The Awakening of HK Derryberry*
© 2016 Jim Bradford
Published by arrangement with Thomas Nelson, a division of HarperCollins Christian Publishing, Inc.
Cover art used by permission of Thomas Nelson Publishers
All rights reserved. This work published under license.

Die Bibelverse sind, wenn nicht anders angegeben,
folgender Ausgabe entnommen:
Neues Leben. Die Bibel, © der deutschen Ausgabe 2002 und 2006
SCM-Verlag GmbH & Co. KG, Witten.

Übersetzung: Anja Schäfer
Umschlaggestaltung: Sophia Wald
Titelbild: © Thomas Nelson
Bilder im Innenteil: S. 1 rechts unten und S. 8 links unten © Michelle Morrow, restliche Bilder © Jim Bradford
Satz: typoscript GmbH, Walddorfhäslach
Druck und Bindung: GGP Media GmbH, Pößneck
Gedruckt in Deutschland
ISBN 978-3-7751-5781-0
Bestell-Nr. 395.781

INHALT

Wirf dein Herz über den Zaun
und der Rest folgt von selbst.

Norman Vincent Peale

»Ich führe Blinde einen neuen Weg,
einen Weg, den sie nicht kannten, lasse ich sie gehen.
Ich werde die Dunkelheit vor ihnen hell machen
und den holprigen Weg vor ihnen ebnen.
Diese Dinge werde ich ausführen und nicht davon ablassen.«

Jesaja 42,16

VORWORT –
EIN TRAURIGES DASEIN

Der kleine neunjährige Junge saß dort, wo er jedes Wochenende saß: am immer selben Fenstertisch eines Fast-Food-Restaurants. Er hockte zusammengekauert da, sein Ohr an ein altes, kaputtes Radio gepresst, das mit drei Streifen silbernem Klebeband zusammengehalten wurde und einen von zwei Sendern spielte: entweder Sportnachrichten oder Predigten von Pfingstpastoren. Wie das Schlappohr eines alten Hundes ragte oben aus dem Gerät eine krumme Antenne heraus.

Pearl Derryberry, die Oma des Jungen, musste ihrer Teilzeitstelle bei *Mrs Winner's Chicken & Biscuits* nachgehen, erst recht seitdem ihre Stelle im Gaswerk nach 31 Jahren einer Kürzung zum Opfer gefallen war. Die bescheidene Abfindung samt Sozialleistungen reichte gerade eben für sie und ihren Enkel, den sie alleine aufzog. HK war blind, litt an Zerebralparese, umgangssprachlich auch Kinderlähmung genannt, und konnte daher seine Gliedmaßen auf der rechten Seite nicht bewegen. Unter der Woche besuchte er die Blindenschule, aber ohne eine bezahlbare Betreuungsmöglichkeit am Wochenende blieb Pearl keine andere Wahl, als ihn mit in die Imbissstube zu nehmen.

In den Pausen ihrer Neun-Stunden-Schichten sah Pearl regelmäßig nach ihm und zwischendurch aßen sie meist zusammen, während Stammkunden und Fremde vorüberliefen und die beiden kaum eines Blickes würdigten. Der kleine blinde Junge, der da über seinem Radio hockte, blieb für die Welt unsichtbar und nur wenige nahmen Notiz von ihm. So sah sein Leben seit dem Unfall aus.

1

EINE TASSE KAFFEE FÜR 25 CENT

Ich heiße Jim Bradford. Ich bin als mittleres von drei Kindern mitten auf dem Land im Norden Alabamas aufgewachsen. Niemals in meinen wildesten Träumen hätte ich mir ausgemalt, wie viel Segen ich in den 90er-Jahren erleben würde. Meine Frau Brenda und ich waren seit 35 Jahren verheiratet und stolze Eltern von zwei wunderbaren, gesunden Töchtern, Bridget und Julie. Ich war dankbar für meine – auch in finanzieller Hinsicht – erfolgreiche Vertriebskarriere in der Textilindustrie. Als dann die Mädchen zu unabhängigen jungen Frauen geworden waren und das Nest verließen, freuten Brenda und ich uns darauf, zu reisen und all das anzugehen, was wir nun seit Jahren aufgeschoben hatten. Rückblickend kann man sagen, dass wir unsere Idealvorstellung von einem erfolgreichen Leben erreicht hatten. Wir konnten uns beinahe alle materiellen Wünsche erfüllen und dachten ernsthaft über den Ruhestand nach.

Wegen einer Versetzung innerhalb der Firma waren wir 1975 aus Montgomery in Alabama nach Williamson County im Bundesstaat Tennessee gezogen. Williamson County taucht regelmäßig unter den wohlhabendsten Landkreisen der USA auf und gehört zu den am schnellsten wachsenden Vorortregionen. Vor allem im Norden, wo der Landkreis an den Großraum Nashville grenzt, sind große Pferde- und Rinderfarmen inzwischen bewachten Luxussiedlungen für Pendler, mehrstöckigen Bürogebäuden und ausladenden Einkaufszentren gewichen.

Unser Bungalow im Farmhaus-Stil mit Rotklinkerfassade und vier Schlafzimmern liegt in Brentwood, einem netten Pendlerstädtchen, 17 Kilometer von der Innenstadt Nashvilles entfernt. Dieses schattige, viertausend Quadratmeter große Grundstück gehörte vorher über mehrere Generationen zur Rinderfarm einer Familie, deren Geschichte bis zum Bürgerkrieg im 19. Jahrhundert zurückreichte. Als wir dorthin zogen, stand weit oben auf meiner wöchentlichen Prioritätenliste, meinen restaurierten Oldtimer, einen *Chevrolet Bel Air,* Baujahr 1955, in Schuss zu halten – zusammen mit der Pflege des Gartens und unseres makellosen Rasens. Der Eigentümerverband kürte zwischen Mai und September jede Woche einen Garten zum schönsten der Region und mindestens einmal pro Sommer fand das Siegerschild seinen Weg auf unseren Rasen.

Wir hatten viel zu tun, aber nahmen uns Zeit, einmal pro Woche mit langjährigen Freunden Tennis zu spielen. Der Tennis- und Schwimmverein befand sich nur zwei Straßen weiter und zog uns als Familie jeden Sommer magnetisch an. In unserer Siedlung herrschte an den meisten Tagen praktisch keinerlei Verkehr, sodass Spaziergänger, Jogger, Fahrradfahrer und Mütter mit Kinderwagen die ganze Straße für sich allein hatten. Alle Hunde waren angeleint. In unserem idyllischen Vorort ohne Kriminalität hätte sich jeder Hilfssheriff wohlgefühlt.

Unser Lebensstil war schlicht und in keiner Weise ausschweifend. Wir fuhren ältere, gut gepflegte Autos. Unser Alltag drehte sich um die Gemeinde, wo man uns, wie so oft in den Südstaaten, mindestens dreimal pro Woche antraf, bei besonderen Anlässen auch häufiger. Ich hielt mich in jeglicher Hinsicht für völlig gewöhnlich, nicht besser und nicht schlechter als unsere Freunde und Nachbarn. Aber zweifellos hatte Gott unsere Familie reich gesegnet.

Mit sieben Grad Celsius war der 16. Oktober 1999 in meiner kleinen Ecke vom Paradies ein für diese Jahreszeit ungewöhnlich kühler Samstag. Vermutlich sehnte ich mich deswegen an diesem Morgen plötzlich nach einer heißen Tasse Kaffee. Normalerweise begrenze ich meine tägliche Koffeinzufuhr auf eine Tasse und dieses Maß hatte ich dank »Goldenem M« bereits erreicht. Aber heute war es anders, heute brauchte ich mehr.

Unser morgendliches Tennismatch war zu Ende und meine Gedanken schweiften zur langen Liste meiner samstäglichen Pflichten. Daher verabschiedete ich mich rasch von meinen Tennispartnern. Ohne nachzudenken, nahm ich den zeit- und streckenmäßig längsten Rückweg nach Brentwood. Ich fuhr langsam und betrachtete die charmanten, alten Anwesen entlang des Tyne Boulevard. Mein gemütliches Tempo und die charakteristische Radiostimme von Moderator Garrison Keillor verstärkten mein Verlangen nach Kaffee und so bog ich südlich in die Hillsboro Street ein. Starbucks erschien als blinkende Vision vor meinem inneren Auge.

Ich fuhr weitere fünf Kilometer und bog wie immer nach Osten in den Old Hickory Boulevard ein. An der Kreuzung Franklin Road war die Entscheidung eigentlich klar: rechts abbiegen, anderthalb Kilometer zum Starbucks fahren und zwei Dollar für eine Tasse Kaffee zahlen. Seltsamerweise bog ich spontan und ohne nachzudenken nach links ab und fuhr einen kurzen Weg über eine schmale Eisenbahnbrücke zu einer kleinen Imbissstube am Stadtrand von Brentwood. Bei *Mrs Winner's Chicken & Biscuits* gab es vor allem frittiertes Hühnerfleisch, aber man konnte hier auch frühstücken. Ich hatte dort schon ein, zwei Mal etwas gegessen, kann mich aber nicht daran erinnern, dass ich jemals nur für einen Kaffee dorthin gefahren wäre.

Auf den kleinen Parkplatz passten nur wenige Autos, aber glücklicherweise fand ich einen Platz direkt gegenüber vom Eingang. Ich zog den Schlüssel aus dem Zündschloss und huschte eilig nach drinnen in die Wärme, denn ein unablässiger Nordwind sorgte an diesem wolkenverhangenen Tag dafür, dass die gefühlte Temperatur noch niedriger war.

Zu meiner Überraschung war ich an diesem Samstagmorgen der einzige Gast, der sich etwas zum Mitnehmen holte. Als ich auf die Kassiererin zulief, fiel mir ein kleiner Junge auf, der allein an einem Fenstertisch saß. Ich wandte den Blick von ihm ab und konzentrierte mich auf meine Bestellung. Eine bunte Speisekarte hing hinter der Theke. Ein weiteres Schild über dem Eistee-Spender verkündete: »Maxwell-House-Kaffee hier! Lecker bis zum letzten Tropfen.«

»Ich hätte gerne eine Tasse Kaffee«, sagte ich.

»Sind Sie über 55?«, war die Antwort.

Eine reichlich merkwürdige Frage, dachte ich. *Ich möchte schließlich keinen Alkohol kaufen, für den ich auf Volljährigkeit überprüft werden müsste.* Dann erinnerte ich mich an Brendas häufige Bemerkungen, dass ich ein Hörgerät bräuchte, und fragte mich, ob ich sie richtig verstanden hatte. Etwas verwundert drehte ich mich um und sah nach, ob sie womöglich mit einer Person hinter mir gesprochen hatte. Aber ich war tatsächlich der einzige Kunde in der ansonsten leeren Imbissstube und sagte kleinlaut: »Ja.«

Die Bedienung, ein kleine, untersetzte Dame in meinem Alter mit kurzem, grauem Haar, erklärte mir, dass ich ab einem Alter von 55 Jahren laut Restaurantordnung zu den Senioren zähle. Die Zugehörigkeit zu diesem nicht allzu exklusiven Verein berechtige mich, so erläuterte sie mir, eine Tasse Kaffee für 25 Cent zu erwerben – plus Umsatzsteuer also satte 27 Cent! Ich erwog kurz, meine Zugehörigkeit doch zu leugnen, um mir mein jugendliches Selbstbild nicht zu zerstören, entschied dann aber, dass es an der Zeit wäre, nicht länger mit einer Illusion zu leben. Ich bedankte mich bei ihr und bezahlte meine erste Tasse Seniorenkaffee.

Der Duft von frisch gebrühtem Kaffee und heißen Buttermilchbrötchen wehte durch die Imbissstube. Als ich mich umwandte und gehen wollte, blieb mein Blick erneut an der kleinen Silhouette hängen, die ich vor zwei Minuten flüchtig wahrgenommen hatte. Von hier aus konnte ich deutlich erkennen, dass es sich um einen kleinen Jungen handelte. Er aß nichts. Beim näheren Hinsehen erkannte ich, dass sein Kopf auf einem schwarzen Plastikradio mit silbernen Knöpfen und kaputter Antenne ruhte. Drei Streifen Klebeband hielten das Batteriefach an seinem Platz. Neugierig betrachtete ich die langen, weißen Plastikschienen an seinen Beinen. Selbst aus der Distanz konnte ich erkennen, dass dieser Junge Probleme hatte.

2

DER KLEINE TASCHENDIEB

Ich kann gar nicht genau sagen, warum, aber der Anblick dieses kleinen Jungen weckte ganz tiefe Gefühle in mir. Obwohl ich nie jemanden mit Behinderung persönlich kennengelernt hatte, waren mir behinderte Kinder in der Öffentlichkeit immer aufgefallen. Aber ich hatte nie den Mut gehabt, sie oder ihre Begleiter anzusprechen. Zuerst hatte ich immer Mitleid empfunden, dann Erleichterung und schließlich Dankbarkeit für meine gesunde Familie. Heute führten meine Gedanken mich in eine andere Richtung, die gar nicht typisch für mich war. Statt wie so viele Male zuvor einfach weiterzugehen, spürte ich diesmal einen leichten Drang, zu diesem kleinen Jungen hinzugehen.

Ich warf mein Rührstäbchen in den nächsten Mülleimer, und als ich mich umdrehte, sah ich eine weitere Imbissangestellte. Eine schmächtige junge Frau mit feuerroten Haaren stand hinter der Theke und füllte Plastikgeschirr in einen großen Pappkarton. Laut Namensschild an ihrem roten T-Shirt, auf dem ein großes, gelbes Huhn prangte, hieß sie Helen.

»Helen, wer ist der kleine Junge an dem Tisch dort drüben?«, fragte ich zögerlich.

Sie lächelte und erwiderte: »Ach, das ist HK; er ist unser kleiner Liebling, Pearls Enkel.«

»Und wer ist Pearl?«, hakte ich nach.

»Unsere Kassiererin«, sagte Helen und deutete auf die lächelnde Dame am anderen Ende der Theke – die Dame, die mir soeben meinen ersten Seniorenkaffee eingeschenkt hatte. Es ging mich ganz und gar nichts an, aber der Anblick des Jungen, der da allein in der leeren Imbissstube saß und Radio hörte, irritierte mich und ich musste mehr erfahren.

»Was macht denn ihr Enkel hier?«, fragte ich Helen leise.

»HK lebt bei Pearl. Sie hat am Wochenende niemanden, der auf ihn aufpasst, deshalb kommt er immer mit«, gab sie geduldig zurück.

»Und wie lange sitzt er dann da?«

»Ach, meist nur von acht bis fünf.«

Ohne nachzudenken stieß ich aus: »Sie machen wohl Witze! Er sitzt da jeden Tag neun Stunden lang?«

Helens Blick und ihre Antwort waren gereizt: »Wenn Pearl in der Woche arbeitet, geht er zur Schule; er sitzt da also nicht jeden Tag!«

Ihr nächster Satz traf mich völlig unerwartet und bis ins Mark: »Er ist blind und hat Kinderlähmung.«

Mein Kinn begann zu zittern und in meinem rechten Auge sammelte sich eine große Träne. Plötzlich war die Tasse Kaffee unwichtig. Langsam und bedächtig ging ich auf seinen Tisch zu, um ihn besser sehen zu können. Er sah noch kleiner aus als vorhin und gemessen an seiner Größe wirkte er nicht älter als fünf oder sechs Jahre. Sein Bürstenhaarschnitt war schon länger herausgewachsen und er trug ein schlichtes Baumwoll-T-Shirt, das vorne offenbar mit Frühstücksresten bekleckert war. Aber am meisten schockierte mich die verknitterte kurze Kaki-Hose, die er an diesem ungewöhnlich kalten Oktobermorgen trug.

Als ich näher kam, konnte ich die weißen Plastikschienen noch besser erkennen, die beide Unterschenkel stützten. Sie waren anders als die Schienen, die ich bisher gesehen hatte. Sie steckten fest in seinen Schuhen und endeten erst kurz unter dem Knie. Lange weiße Baumwollstrümpfe reichten ihm bis über seine Unterschenkel und endeten kurz vor den Schienenrändern.

»Hey, Kumpel«, sagte ich leise, als ich seinen Tisch erreichte.

»Wie heißen Sie?«, antwortete er.

»Jim. Und wie heißt du?«

»Ich bin HK.«

»Wofür steht denn HK?«

»Für nichts, ich heiße einfach HK.«

»HK, schön dich kennenzulernen.«

»Schön, Sie kennenzulernen. Wo wohnen Sie?«

»In Brentwood.«

»In welcher Straße?«

»Im Harpeth River Drive.«

»Von wo zweigt die Straße ab?«

»Vom Old Hickory Boulevard«, antwortete ich.

»Wann sind Sie heute Morgen aufgestanden?«, fragte HK.

»Um sechs«, erwiderte ich.

»Was haben Sie dann gemacht?«

»Ich habe geduscht.«

»Und dann?«

»Dann habe ich mich angezogen.«

»Und dann?«

»Dann habe ich mich bei McDonald's mit meinen Tennispartnern getroffen.«

Wie ein hartnäckiger, erfahrener Polizeibeamter führte er das strikte Verhör weiter. Nachdem er mich ein paar Minuten lang ununterbrochen ausgehorcht hatte, dachte ich: *Wow, das ist ja mal ein lustiges Kind!* Er traktierte mich weiter mit Fragen und ich antwortete. In einer kurzen Pause nahm er meine Hand und befühlte sie, als begutachtete er ein besonderes Kunstobjekt. Dann hob er sie an seine Nase, wie ein Welpe, der spielerisch seinen Besitzer beschnüffelt, und prägte sich meinen typischen Geruch ein. Eine Viertelstunde später wollte ich los.

»Ich habe mich gefreut, dich kennenzulernen, HK. Ich hab heute noch einiges zu erledigen und muss jetzt gehen.«

»Ich hoffe, ich sehe Sie bald wieder«, sagte er zögernd.

»Ich auch«, antwortete ich mit einem gehörigen Knoten im Hals.

Als ich mich umwandte und meinen neuen Freund zurückließ, wurde ich Opfer des größten Diebes der Stadt. Wie ein Taschendieb, der unter ahnungslosen Touristen in den Kneipen Nashvilles sein heimliches Handwerk betreibt, hatte HK Derryberry das perfekte Verbrechen begangen: Er hatte mein Herz gestohlen.

In Gedanken ging ich die lange Liste mit Erledigungen durch, die mir an diesem Samstag bevorstanden. Die meisten davon hatte Brenda mir aufgetragen. Ich lief sehr viel langsamer als auf dem Hinweg. Das Wetter, der Verkehr, die Tageszeit traten in den Hintergrund. Ich rollte vom Parkplatz bei *Mrs Winners*, aber dieser kleine, blinde Junge ging mir nicht mehr aus dem Sinn. Mir fiel ein, dass ich den verlockend heißen Becher Kaffee gar nicht angerührt hatte, aber das war nun egal.

Den ganzen restlichen Tag über gingen mir Fragen durch den Kopf. Beim Gedanken an das gründliche Verhör musste ich grinsen. Dabei hatte ich selbst auch so einige Fragen: *Wo waren seine Eltern? Wie groß waren seine gesundheitlichen Probleme? Wo wohnte er?* Ich merkte, dass ich beim Versuch, meine To-do-Liste abzuarbeiten, ziellos durch die Gegend fuhr. Der Gedanke an seinen leeren Blick, seine dreckige Kleidung und die weißen Beinschienen nagte an mir. In Ermangelung von Taschentüchern mussten die Ärmel meiner Trainingsjacke für meine tränenden Augen herhalten. Ich wusste absolut nichts über ihn oder sein Leben, außer dass er sein Wochenende im Fast-Food-Imbiss verbrachte.

Schließlich hatte ich alles erledigt und fuhr wieder nach Hause. Ich stellte die Einkaufstüten auf die Küchenarbeitsplatte und erzählte meiner Frau von der unerwarteten Begegnung. Ich schwärmte von dem lustigen, kleinen Jungen, erzählte von seinem traurigen Anblick und seinen bohrenden Fragen. Aber sie erkundigte sich nicht weiter nach ihm, also erwähnte ich ihn an diesem Wochenende nicht mehr. Die Predigt am Sonntagmorgen über tiefe Beziehungen im Leben schlug eine weitere Saite in meinem Gefühlsleben an und erneut hatte ich gegen Tränen zu kämpfen.

3

UND TÄGLICH GRÜSST
DAS MURMELTIER

In der Tennishalle des *Belle Meade Country Club* war von Oktober bis Februar Saison. Acht enge Freunde und ich trafen uns fast jeden Samstag um halb neun, um in wechselnder Besetzung im Doppel mit zwei Gewinnsätzen zu spielen. An einem Samstag im Monat war man jeweils nicht eingeteilt und an meinem nächsten freien Samstag wurde ich von grauem Himmel und kräftigem Nordwind begrüßt, der gefühlt noch kälter war, als das Thermometer in meinem Carport anzeigte. Nach einem späten Frühstück zog ich mehrere Schichten Kleidung übereinander, fand meine Arbeitshandschuhe und eine warme Mütze und ging raus, um mein Revier zurückzuerobern, das von einem ganzen Heer verwaister Blätter heimgesucht worden war, die mein tadelloses Eckgrundstück überfallen hatten.

Beim Zusammenharken gingen meine Gedanken zu HK – wie seit unserer Begegnung jeden Tag. Ich fragte mich, wie er zu Hause lebte, ob er gerade wieder allein bei *Mrs Winner's* saß und wie viele unschuldige Opfer er wohl heute Morgen schon ausgefragt hatte. Ich erinnerte mich zurück, dass es für meine Töchter in seinem Alter undenkbar gewesen wäre, länger als fünf Minuten ohne Fernseher oder andere Ablenkung ruhig irgendwo zu sitzen. Genauso gut hätte ich zwölf Runden mit einem Schwergewichtsboxer überstehen können. Und trotzdem saß dieser unerschütterliche oder unfassbar geduldige Junge jeden Samstag und jeden Sonntag neun qualvolle Stunden lang in dieser trostlosen Imbissstube, weil seine Oma am Wochenende keine andere Möglichkeit hatte. Mein Hirn konnte sein Elend einfach nicht fassen.

Bis zum Nachmittag hatte ich 40 große Säcke mit Blättern gefüllt und ordentlich am Straßenrand aufgereiht. Vereinzelt lagen noch Blätter auf dem Rasen und trotzten mir, aber ich fror, war müde und hatte genug. Ich stellte den Rechen weg, zog mich um, tauschte die Mütze gegen meine blaue Baseballkappe der *Auburn*-Uni und sagte Brenda Bescheid, dass ich noch einen Kaffee trinken ging. Ich glaube nicht, dass ich *Mrs Winner's* erwähnte.

Die Fahrt dorthin dauerte nur zehn Minuten. Als ich auf den Parkplatz fuhr, sah ich HK schon allein am Fenster sitzen, genau da, wo ich mich letzte Woche von ihm verabschiedet hatte. Allein nur seinen kleinen Kopf wiederzusehen, berührte mich schon innerlich. Ich war erleichtert, dass er da war, und seltsam aufgeregt bei dem Gedanken, ihn wiederzusehen. Was erwartete ich von diesem Besuch? Was war meine Absicht? Ich hatte keine wirkliche Ahnung. Ich wusste nur, dass es mich innerlich drängte, zu diesem Jungen zu fahren und ihn wiederzusehen. Aber ich beschloss, dass diesmal ich die Fragen stellen würde.

Ich eilte hinein, um einem weiteren kalten Windstoß zu entfliehen, bestellte meinen Seniorenkaffee und schlenderte zu den Tischen. Als ich HK näher kam, schien mir, dass er dieselbe Kleidung trug wie in der letzten Woche: ein ausgeleiertes weißes Baumwollshirt und ausgewaschene Cargo-Shorts, die eine Nummer zu klein waren. Vervollständigt wurde seine Garderobe von den weißen Plastikschienen und komischen schwarzen Schuhen, die aussahen, als stammten sie direkt aus dem Kleiderschrank meiner Großmutter.

Als ich mich näher heranpirschte, entdeckte ich einen feuchten, handbreit großen Fleck mitten auf seinem schmuddeligen T-Shirt, der zweifellos vom Mittagessen stammte. Er lauschte völlig gebannt seinem ramponierten Radio. Sein Oberkörper lag quer über dem Tisch, sein Kopf war zur Seite gedreht und er bemühte sich, mit einem Ohr Radio zu hören, während er mit dem anderen die Gespräche an den Nachbartischen verfolgte. Sein Radio war so leise, dass die Kunden nicht gestört wurden, aber als ich näher kam, erkannte ich den rhythmischen Singsang eines Pfingstpredigers. Diese typischen Geräuschwellen aus den Untiefen irgendeines Kellerstudios in Tennessee zogen den empfindsamen Jungen ganz in ihren Bann. Er wiegte sich im völligen Einklang mit dem Auf und Ab der Stimme des Evangelisten und verinnerlichte jedes »Preist den Herrn!« und »Halleluja!«, das aus dem Lautsprecher drang.

In dieser einen Woche war sein Haar so sehr gewachsen, dass sein winziges Gesicht noch kleiner wirkte, als ich es in Erinnerung hatte. Er hätte leicht als Fünfjähriger durchgehen können, obwohl er mir beim letzten Besuch erzählt hatte, dass er im Juli neun geworden war. Er hörte mich kommen, aber bevor ich etwas sagen konnte, begann mein Kinn zu beben, während ich tapfer gegen meine inneren Gefühlsstürme ankämpfte. Er hob den Kopf und schien mir in die Augen zu blicken.

»Wie heißen Sie?«, fragte er mit seiner hohen, piepsigen Stimme.

»Ich bin Jim«, antwortete ich.

»Der Jim, mit dem ich letzten Samstag gesprochen habe?«

»Ja genau, der bin ich; du hast aber ein gutes Gedächtnis.«

»Wo wohnen Sie?«

»In Brentwood.«

»In welcher Straße wohnen Sie?«

»Im Harpeth River Drive.«

»Von welcher Straße zweigt die ab?«

»Vom Old Hickory Boulevard.« (Später wurde mir klar, dass er, wenn er eine Straße nicht kannte, so lange nach Abzweigungen fragte, bis er eine erkannte. Erst dann wandte er sich den nächsten Fragen zu.)

»Wann sind Sie heute Morgen aufgestanden?«

»Um sechs.«

»Was haben Sie danach gemacht?«

»Geduscht.«

»Und dann?«

»Mich angezogen.«

»Und dann?«

»Dann habe ich in meinem Garten Blätter zusammengeharkt.«

»Und dann?«

Mein Vorhaben, dass diesmal ich die Rolle des Fragenstellers übernehmen könnte, löste sich in Luft auf. Jedes Mal, wenn wir uns trafen, wiederholte er dieselben grundlegenden Fragen. Ich fühlte mich wie Phil Connors in *Und täglich grüßt das Murmeltier*, der immer und immer wieder dieselben 24 Stunden erlebt. Genau wie Phil wusste ich schon bald, dass diese monotone Übung kommen würde, und war fest entschlossen, sie zu ändern. Nach meinem zweiten oder dritten Besuch begann ich deshalb zu antworten: »Diese Frage habe ich schon letzte Woche beantwortet und mein Tagesablauf verändert sich nicht sonderlich, lass uns über etwas anderes reden.« Ich versuchte, mit ihm ein ganz normales Gespräch zu führen, an dem beide beteiligt waren, aber ich scheiterte jedes Mal.

Schließlich dämmerte es mir: HK hatte außer Pearl kaum soziale Kontakte und daher war seine Fähigkeit zur normalen Kommunikation stark unterentwickelt. In schlichten Worten: In sozialer Hinsicht war er völlig verkümmert und konnte nur über Themen reden, die Pearl in seinem Beisein besprochen oder über die er im Radio oder Fernsehen gehört hatte. Gott schien mir eine leere Leinwand zu geben und überließ es mir, ein Bild zu malen.

Wie beim ersten Mal nahm er auch bei diesem zweiten Besuch vorsichtig meine Hand, hielt sie sich nahe ans Gesicht, schnüffelte an jedem Finger, als wolle er sich meinen Duft einprägen. Mit seinem ausgeprägten Geruchssinn konnte er mich und andere Bekannte schon aus einiger Entfernung erkennen. Nervös erwartete ich schon eine ähnliche Untersuchung meines Gesichts, aber sie kam nie.

Nach kurzer Zeit erkannte er mich, sobald ich in die Nähe der Tische kam, und begrüßte mich mit:»Hi, Mr Bradford!«, bevor ich auch nur ein Wort sagen konnte. Mir fiel auf, dass er mich seit unserem ersten Treffen»Mr Bradford« nannte. Alle anderen nannte er beim Vornamen, mich nicht. Ich habe keine Ahnung, warum.

Bei meinen folgenden Besuchen stellte ich fest, dass ich offenbar nicht der einzige Gast bei *Mrs Winner's* war, den die Anwesenheit des kleinen blinden Jungen rührte. Hin und wieder entdeckte ich Geld, meist einen Zehn- oder Zwanzig-Dollar-Schein, den jemand sorgfältig gefaltet unter sein ramponiertes Radio geschoben hatte. Wenn ich ihn danach fragte, sagte er:»Davon weiß ich nichts. Dass da Geld auf meinem Tisch liegt, wusste ich nicht. Wie viel ist es?«

Offenbar hatten nette Menschen bemerkt, dass sich der kleine Junge hier vor aller Augen zu verstecken versuchte, und wollten ein wenig helfen. Ich fragte mich, wie viele ihn wohl sahen und weitergingen, ohne etwas zu tun. Ich gestehe sofort, dass ich selbst in dieser Hinsicht überhaupt nichts vorzuweisen hatte, bevor ich HK kennenlernte. Ich könnte die endlosen Male gar nicht zählen, die ich meinen Blick von den Obdachlosen, die in der Stadt um Geld für Essen baten, abgewandt hatte, oder an den ungepflegten Veteranen vorbeigefahren war, die mitten auf einer belebten Kreuzung in Nashville ein Schild hochhielten: »Arbeit gegen Essen«. Glauben Sie mir, ich weiß, wie es ist, die Armen zu ignorieren und meine Augen vor den Randgruppen zu verschließen, die unter uns im Verborgenen leben. Aber Gott hat mir eine zweite Chance eingeräumt und diesmal hatte ich etwas zu geben: Interesse, Unterstützung und sehr viel Zeit.

HKs trübselige Wochenenden in der Imbissstube und sein monotoner Alltag gingen mir nicht mehr aus dem Kopf und trübten die Gemütlichkeit unseres heimeligen Fleckchens Erde. Ich spürte, wie eine Hand mich behutsam anstupste, anschob und vorantrieb. Gott hatte mich genau da, wo er mich haben wollte.

4

»ICH WERDE SIE MEIN LEBEN LANG NIE MEHR VERGESSEN«

Meine Freundschaft mit dem behinderten blinden Jungen blühte trotz unseres Altersunterschieds von 47 Jahren schnell auf. Bei unseren regelmäßigen Treffen an dem mittlerweile vertrauten Fenstertisch wirkten wir wie zwei mürrische alte Farmer, die im Fast-Food-Restaurant ein Schwätzchen hielten.

Einmal ergriff HK mit der linken Hand vorsichtig meine rechte und sagte leise und ohne Vorwarnung:»Mr Bradford, ich habe Sie lieb. Sie sind mein bester Freund. Wenn Sie sterben, werde ich Sie mein Leben lang nie mehr vergessen.«

Ich wünschte, ich wüsste, wodurch diese plötzliche Bekundung ausgelöst worden war, aber sie traf mich völlig unvorbereitet. Ich war nur noch ein einziger Tränenstrom, und nachdem ich mich geräuspert hatte, antwortete ich:»Danke, HK. Ich habe dich auch lieb. Ich hoffe, dass ich noch lange lebe und wir noch viele, viele Jahre lang gute Freunde bleiben können.«

Er drehte sich und wandte mir sein Gesicht zu, auf dem sich das strahlendste, breiteste und herzerwärmendste Lächeln ausbreitete, das ich je gesehen hatte. Vielleicht spürte er, dass er zum ersten Mal in seinem Leben außer seiner Oma einen echten

Freund gefunden hatte. Von da an nannte mich HK immer wieder seinen besten Freund und fügte manchmal hinzu: »Ich habe Sie lieb, Mr Bradford.«

Bald fuhr ich jeden Samstag und jeden Sonntag die vertraute Strecke und rollte auf den Parkplatz bei *Mrs Winner's*. Wenn ich sein Gesicht nicht hinter der Scheibe sah, fuhr ich weiter, verzichtete auf meinen Kaffee und kehrte nach Hause zurück. Mir war klar, warum HK manchmal nicht da war: Pearl hatte nicht jedes Wochenende Dienst. Diese seltenen Tage hinterließen bei mir in mehrfacher Hinsicht ein Loch.

Wenn ich dagegen seine unverkennbare Silhouette sah, war ich beglückt. Ich freute mich immer auf unsere gemeinsame Zeit. Bei einer Tasse Seniorenkaffee für mich und süßem Eistee für ihn unterhielten wir uns über meinen Beruf, meine Reisen und meine Familie, während ich kleine persönliche Details über seine Schule, seine Freunde und Familie und seine Vorlieben erfuhr. Er erzählte beispielsweise, dass sein Lieblingsgericht bei *Mrs Winner's* ein gut gebuttertes Brötchen mit Würstchen und Soße war. Normalerweise bekam man es nur während der Frühstückszeiten, aber dank seiner guten Beziehungen zur Küche konnte er sein Lieblingsgericht jederzeit bestellen. In der Folge unserer zunehmend beiderseitigen Gespräche sah ich ermutigende Zeichen in seiner Persönlichkeitsentwicklung. Je mehr wir miteinander redeten, desto mehr verbesserten sich seine kommunikativen Fähigkeiten.

Bei meinen Wochenendbesuchen vertiefte sich unsere Freundschaft und ich lernte die ganze Bandbreite seines emotionalen Spektrums kennen. Eines Samstagnachmittags erlebte ich eine Szene, wie sie vermutlich viele arbeitende Elternteile schon durchgemacht haben. Sich vor einer langen Dienstreise voneinander verabschieden und trennen zu müssen, kann brutal sein, vor allem für kleine Kinder. Manchmal lösen solche Abschiede einen emotionalen Zusammenbruch von tragischem Ausmaß aus.

Jedes Mal, wenn ich die Imbissstube verließ, umarmte ich HK fest und sagte ihm, wie sehr ich unsere gemeinsame Zeit genossen hatte. Er erwiderte diese Geste jedes Mal, aber an diesem Nachmittag schlang er seine kleinen Arme um meinen Hals und bat mich unter Tränen, nicht wegzufahren. Seine plötzliche, verzweifelte Reaktion war kaum auszuhalten und mir schossen die Tränen in die Augen. Er war untröstlich – und zwar so sehr, dass es für die Gäste an den Nachbartischen schon störend wurde. Er machte eine so herzzerreißende Szene, dass Pearl hinter ihrer Kasse hervorkommen und mir zu Hilfe eilen musste. Sie versprach ihm geduldig, dass ich nicht für immer fortging:»Mr Bradford muss jetzt los, aber er kommt bald wieder und besucht dich.«

Pearls Schicht war beinahe um, daher blieb ich noch so lange bei ihm, bis sie Feierabend hatte. Auf dem Weg nach draußen nahm ich seine linke Hand und begleitete ihn zu Pearls Pickup, der hinter der Imbissstube parkte. Ich öffnete die Tür, hob seine knapp 25 Kilo auf den Beifahrersitz und schnallte ihn an. Da endlich ebbte seine Verzweiflung ab, als versichere ihm das Klickgeräusch, dass nicht nur seine Sicherheit gewährleistet war, sondern auch der Bestand unserer Freundschaft.

In der darauffolgenden Woche wollte Pearl mir unbedingt erklären, was hinter seinem Trotzanfall stand.»Bevor HK Sie kennenlernte, ist jeder, den er im Restaurant kennenlernte – oder überhaupt jeder –, der ihm auch nur ein Mindestmaß an Aufmerksamkeit schenkte, plötzlich verschwunden und nie wieder aufgetaucht. Dazu zählen auch sein Vater und sein Großvater.

Jetzt sind Sie sein bester Freund und ich glaube, er hat Angst, dass ihm mit Ihnen eines Tages dasselbe passiert.«

Das half mir, den traumatischen Vorfall zu verstehen, aber es löschte nicht die Erinnerung daran, wie ich mich gefühlt hatte, als er mich nicht gehen lassen wollte. Bis heute ist es auffällig, dass das Wort »Tschüss« in seinem Wortschatz fehlt. Seine Standardantwort beim Verabschieden lautet stattdessen immer: »Mach's gut!«

Nun hatte ich in gewisser Weise den Boden unter den Füßen verloren. Es kam nicht infrage, die Sorge meines kleinen Kumpels, dass ich mich irgendwann von ihm abwenden könnte, auch noch zu bestätigen. Ich konnte mich nicht mehr von ihm zurückziehen, ebenso wenig wie ich meine amerikanische Staatsbürgerschaft hätte aufgeben können. Mein Dilemma war nur, dass ich bereits eine wunderbare und treue Familie hatte, die ich liebte. Ich bat um Gottes Führung und suchte von ganzem Herzen nach Antworten.

Oberflächlich betrachtet könnte man diese aufkeimende Freundschaft zweifellos ein wenig ungewöhnlich finden. Das war auch die ausdrückliche Meinung einer Person, die viel mehr war als nur eine gelegentliche Beobachterin. Als HK und ich immer vertrauter miteinander wurden, stellte meine Frau meine Zurechnungsfähigkeit infrage und hatte mehr als nur ein paar kleinere Einwände. Sie sah einen 56-jährigen Mann und Vater zweier erwachsener Töchter, der sich von Herzen auf das nächste Treffen mit einem neunjährigen Jungen freute, der mehrfach behindert und weder sein Sohn noch ein anderer Verwandter war. Brenda wusste, dass ich tagsüber oft an ihn dachte. Auch unser Freundeskreis hörte häufig Geschichten über HK; kein Ereignis war zu klein, um es ihnen zu erzählen. Ich konnte einfach nicht aufhören, jedem von ihm zu berichten, der es hören wollte. Brenda nahm wachsam meine zunehmende Versessenheit wahr und gab mir zu verstehen, dass ich sehr schnell eine viel zu enge Beziehung zu diesem süßen Fratz aufgebaut hatte.

Meine ständige Beschäftigung mit HK hatte Auswirkungen auf unsere Ehe und unsere Freundschaften. Sie ließ nur wenig Freiraum für irgendjemanden oder irgendetwas sonst – Brenda und unsere Freunde eingeschlossen. Ihre extrovertierte Persönlichkeit sehnte sich nach gemeinsamen Wochenenden als Paar, Kartenspielen mit Freunden, Bootstouren und gesellschaftlichen Ereignissen. Als ich ihr Anliegen hörte – und ihr vor allem *zuhörte* – sah ich ein, dass ihr Vorwurf berechtigt war. Es musste sich etwas ändern. Brenda und ich brauchten gemeinsame Zeiten und dazu gehörten auch Unternehmungen mit Freunden. Deshalb beschlossen wir, uns an den Freitagabenden Zeit füreinander zu nehmen.

5

DIE WUNDERVOLLE PEARL UND IHR STAMMBAUM

Pearl Derryberry – Grammy, wie HK sie nennt – beteiligte sich in ihren Pausen gelegentlich an unseren Tischgesprächen. Nach und nach erfuhr ich wichtige Teile der Familiengeschichte von HK und seiner Oma. Freunde und Bekannte konnten sie an einer Hand abzählen. Ihr nicht vorhandenes soziales Netz bestand aus zufälligen Gesprächen mit Stammgästen.

Ich bin sicher, dass Pearl unsere sporadische Gemeinschaft ebenso sehr genoss wie HK. Sie hatte herzzerreißende Geschichten eines ganzen Lebens zu erzählen, aber niemanden, der sie hören wollte. Sie war eine hervorragende Erzählerin und ich ein aufmerksamer Zuhörer. Oft reichten ihre Geschichten in die Zeit ihrer eigenen Kindheit zurück oder nahmen eine düstere Wendung, wenn sie »den Unfall« erwähnte – ein Ereignis, das offenbar alles verändert hatte. Als ihr Vertrauen wuchs, redete meistens sie, während ich zuhörte und die Puzzleteile ihrer Geschichte zusammenfügte. Sie erzählte Trauriges über ihre Eltern, über ihre eigene verheerende Ehe und ihre beiden Söhne. Ich lauschte ihren Kindheitserinnerungen auf der Farm, erfuhr von ihren letzten Arbeitsstellen und hörte eine ganze Geschichtensammlung über HK. Natürlich fragte ich mich, was HKs Eltern zugestoßen war, und als an einem Samstagnachmittag die Mittagsgäste gegangen waren und Pearl eine lange Pause bevorstand, kam der Zeitpunkt, an dem sie die Bombe platzen ließ, auf die ich schon lange gewartet hatte. Es war still in der Imbissstube und sie hatte einen aufmerksamen Zuhörer vor sich.

Ich lauschte ihrer bewegenden Erzählung. Zum Teil konnte sie die Geschichte aus ihrer eigenen Erinnerung wiedergeben, andere Teile hatte sie sich aus den Bruchstücken zusammengereimt, die ihr Sohn William im Laufe der Zeit erzählt hatte. Auch sie kannte noch immer nicht alle Einzelheiten des Geschehens, da sie selbst nicht dabei gewesen war, aber das hielt sie nicht davon ab, alles detailliert zu schildern.

Als Einzelkind und »Landei« wusste Pearl, was harte Arbeit bedeutete, vor allem wenn ihr Vater Hilfe auf der Farm benötigte. Sie konnte es gar nicht erwarten, das triste Landleben in Maury County in Tennessee hinter sich zu lassen und eine bessere Zukunft in der Großstadt Nashville zu beginnen. Sie war eine ausgezeichnete Schülerin und entwickelte sich zu einer kleinen, stämmigen Frau, deren Proportionen zwar perfekt für die Landwirtschaft waren, dabei allerdings weniger attraktiv für das andere Geschlecht.

Sie erzählte von der Rastlosigkeit, die die Gene ihres Familienstammbaums von der Wurzel bis zur Krone durchzog. Entgegen des vehementen Einspruchs ihrer Eltern brannte sie mit dem ersten Mann durch, mit dem sie je zusammen war – John –, und ging prompt mit 19 Jahren in Illinois die Ehe ein. Schon damals war sie sich ihrer Gutgläubigkeit bewusst und dass sie für Männer leichte Beute war. Beim Nachdenken über ihre falschen Entscheidungen im Leben gebrauchte sie eine interessante philosophische Formulierung:»Ich habe mit 19 einen Kredit aufgenommen, für den ich noch immer Zinsen zahle.« Man könnte es»Pearls Perle der Weisheit« nennen.

Ihre Ehe hielt zwei Jahre und drei Tage, von denen sie vielleicht sechs Monate mit John gemeinsam verbrachte. Er war ein Fernfahrer mit Abenteuerdrang und aufbrausendem Temperament. Trotz der seltenen gemeinsamen Stunden entsprangen ihrer Ehe im Abstand von dreizehn Monaten zwei Söhne: William, der Erstgeborene, war ein genaues Abbild seines flatterhaften, unzuverlässigen Vaters. Sie war bloß dankbar, dass Jimmy, ihr Nesthäkchen, mehr nach seiner Mama kam.

Als die zum Scheitern verurteilte Ehe schließlich auseinanderging, kehrte Pearl mit ihren Jungs nach Tennessee zurück. Fest entschlossen, jede Erinnerung an ihr gescheitertes Leben mit John auszulöschen, ging sie den ungewöhnlichen Schritt, für ihren Nachwuchs eine Namensänderung in Derryberry zu beantragen. Sie fand beim damaligen Gaswerk in Nashville eine einfache Stelle in der Buchhaltung und zog allein in die Stadt, während ihre Jungs mehr als eine Stunde Fahrt entfernt auf der Farm ihrer Großeltern lebten. Ihr Ex-Gatte hatte ihr bei einem vergeblichen Versöhnungsversuch mit seinen Söhnen das Auto gestohlen. So blieb ihr keine andere Wahl, als jedes Wochenende mit dem Bus zu ihren Jungs zu fahren. 25 Jahre würden vergehen, bevor sie John wiedersahen.

Jimmy kam gut mit dem Farmleben und unter einem Dach mit den Großeltern zurecht und brachte die Schule offenbar unbeschadet von seiner Familiengeschichte hinter sich. Aber Williams Ruf als ebensolcher Satansbraten, wie sein Vater einer gewesen war, blieb für immer bestehen.

Williams rebellisches Jugendalter brachte ihn mit Sprüche klopfenden Außenseitern zusammen und endete schließlich auf der falschen Seite des Gesetzes. Schon früh im Leben entwickelte er einen Hang zu Drogen und Alkohol. In betrunkenem Zustand wurde er so prahlerisch und arrogant, dass er die ungeheuerlichen Märchen vermutlich selbst glaubte, die er seinen Freunden auftischte. Für die Schule brachte er keinerlei Interesse auf und brach sie vor Ende der zehnten Klasse ab.

Zehn Jahre später, nach einem 19-monatigen Zwischenstopp beim Militär, einer gescheiterten Ehe und einem Gefängnisaufenthalt, lernten sich William Howard Derryberry und Mary Kay Moon Davidson kennen und ihm gefiel sehr, was er sah. Ihr familiärer Hintergrund war nicht besser als sein eigener. Marys hart schuftende Eltern fuhren in vielen Überstunden Güter durchs Land, waren tagelang nicht zu Hause und hatten viel zu wenig Zeit, um das frühreife Mädchen zu erziehen. Eine liebevolle und fürsorgliche Familie oder auch nur enge Familienbeziehungen hatte sie nie erlebt.

Mary hatte überlebt, indem sie sich als Frau verkleidete, die im Körper eines Kindes steckte. Sie entwickelte sich körperlich viel früher als andere Mädchen ihres Alters und zog schon in der Grundschule die Blicke der Männer auf sich. Wie die meisten Mädchen sehnte sich Mary zutiefst nach der Zuneigung, Aufmerksamkeit und Bestätigung ihrer Eltern, vor allem ihres Vaters. Mit ihrem dunklen Haar, ihrem olivfarbenen Teint und dem strahlenden Lächeln konnte sie Männern leicht den Kopf verdrehen – und sie beherrschte diese Kunst. Mary hatte nur wenige Freundinnen, nichts mit ihnen gemeinsam und Gleichaltrige schlossen sie aus. Wie zu befürchten war, schmiss sie die Schule vor Ende der siebten Klasse, ohne dass ihre kaum anwesenden

Eltern eingeschritten wären. Mit 14 wurde sie schwanger und gab ihr erstes Kind zur Adoption frei.

Zwar wohnten sie nur wenige Kilometer auseinander, aber Mary hatte William vor ihrem 18. Geburtstag noch nie getroffen. Ihre kurze Beziehung war nur ein weiterer Zwischenhalt auf ihrem kurvenreichen Weg ins Erwachsenenleben. Sie zogen zusammen, ohne zu heiraten, und landeten in einem Teufelskreis, der tief in ihren Stammbäumen wurzelte. Sie zogen in ein kleines, heruntergekommenes Mietshaus auf dem Land, das fast am Ende einer schmalen Landstraße in einem verlassenen Winkel in Maury County lag.

Maury County ist übersät mit Orten, die Namen haben wie Fly, Santa Fe (das »Santa Fi« ausgesprochen wird), Culleoka, Sawdust und Hampshire, und war Heimat von Generationen ärmlicher Farmer, die Tabakanbau und Viehwirtschaft betrieben. Sie bewirtschafteten dasselbe fruchtbare Land, das 125 Jahre zuvor als Schlachtfeld im Bürgerkrieg so viel Tod und Zerstörung mitansehen musste. Nicht einmal 30 Minuten südlich von Nashville gelegen, hat Maury County der Countrymusik reichlich Anschauungsmaterial geboten. Ein Besuch in jedem beliebigen dieser verschlafenen Nester genügt, um festzustellen, dass kein Klischee aus den echten Countrysongs erfunden ist. Es ist die Realität, wie man sie in Hunderten solcher Ortschaften antrifft.

Genau wie ihr Freund hatte Mary schon früh im Leben mit dem Trinken begonnen. Vielleicht gab der Alkohol ihr Hoffnung und linderte den Schmerz, vielleicht war er Medizin gegen ihre aktuelle Situation und ihre schrecklichen Kindheitserinnerungen. Vielleicht beruhigte er auch vorübergehend ihre Sehnsucht nach Glück. Jedenfalls geriet Marys Leben erneut außer Kontrolle, als sie 19 war. Nur zwei Wochen nachdem sie den 26-jährigen Erntehelfer kennengelernt hatte, verriet ihr ein Schwangerschaftstest, was sie ohnehin schon wusste: Es war wieder ein Kind unterwegs. Und ohne Williams Versprechen, dauerhaft für sie da zu sein, sah Marys Zukunft düsterer aus als je zuvor.

6

FEIERABEND

Am Nachmittag des 7. Juli 1990, einem Samstag, kletterten die Temperaturen über die 37-Grad-Marke. Im Mittleren Tennessee ist der Juli ein Monat mit schwülheißen Tagen und feuchtwarmen Nächten; ein Monat, in dem saftig-grüne Wiesen ohne Bewässerung verdorren und sich erst im Frühjahr danach wieder erholen; ein Monat, in dem die Kirchgänger unter den Farmern noch leidenschaftlicher als sonst für ihre welkenden Feldfrüchte beten; ein Monat, in dem sich die Hunde in der Stadt nach drinnen ins Kühle und auf dem Land unters Haus verkriechen.

William und seine Farmkolonne hatten seit den frühen Morgenstunden Heu eingefahren. Es war beinahe Feierabend. Für ihn und die jüngeren Arbeiter, die sich keinerlei Gedanken ums Geld machten, war der Tageslohn der Eintritt zu einem zügellosen Abend mit Drinks und Billard in der örtlichen Kneipe. Verglichen mit anderen Stammgästen katapultierten zwei Zwanziger und ein Zehner diese Arbeiter in die oberste Einkommensliga. So eine Samstagabend-Rechnung leerte für gewöhnlich die Portemonnaies lange vor dem nächsten Zahltag – und manchmal auch schon vor Ende des Abends. Für William und seine Kumpel war ein solches Leben – von Woche zu Woche, von Zahltag zu

Zahltag – trotzdem vertretbar. Man könnte es als das Erbe ihrer Väter bezeichnen.

Die Schwangerschaft machte Mary zu schaffen, weshalb sie diesen Samstagvormittag größtenteils im Bett verbrachte. Aber schließlich stand sie auf und schleppte sich in die Dusche. Sie würde pflichtbewusst mit dem Auto am Feldrand stehen und warten, bis William Feierabend hatte. Doch ihr größter Wunsch war, abends mit ihm auszugehen. Sie lief durch die Küche, in der mindestens ein Dutzend Limo- und Bierdosen verstreut auf der Ablage lagen, wie fast überall in ihrem verwahrlosten Mietshaus. Auf dem Weg nach draußen nahm sie die Kühlbox mit. Sie öffnete den Kofferraum und warf eine bunte Ansammlung aus leeren und zerknüllten Dosen heraus, um Platz für die Kühlbox zu schaffen. Mary lächelte. Sie wusste, dass ein kurzer Abstecher, bei dem sie Bier und Eiswürfel besorgte, das größte Geschenk sein würde, das sie William heute machen konnte.

Der ramponierte Hyundai hatte schon bessere Zeiten gesehen, aber immerhin fuhr er. Nur vier Wochen zuvor hatte Mary Williams neueren Wagen bei einem Unfall zu Schrott gefahren und sich dabei blaue Flecke, kleinere Kratzer und eine leichte Gehirnerschütterung zugezogen. Glücklicherweise war ihrem ungeborenen Kind nichts passiert. Sie erinnerte sich schwach, dass sie den Notarzt hatte sagen hören, ihr Kind sei vermutlich deshalb mit dem Leben davongekommen, weil sie nicht angeschnallt war. Seit dem Unfall hatte sie den Gurt nicht mehr angelegt.

Sie fuhr den staubigen Kiesweg entlang und bog nach links auf die asphaltierte Hauptstraße ab. Der Tacho zeigte mehr als hundert Sachen und sie fuhr gegen die Sonne. Die Klimaanlage funktionierte nicht, weshalb alle vier Fenster offen waren. Die Vorderreifen waren nahezu abgefahren und es war eine Unwucht zu spüren, durch die das Lenkrad etwas vibrierte. Aber Mary kümmerte das nicht. Sie freute sich einfach auf einen netten Abend in der Stadt.

Normalerweise war man eine halbe Stunde unterwegs, aber heute schaffte sie es in 20 Minuten. Sie parkte unter zwei großen Platanen, öffnete die Fahrertür und wartete. Ein leichter Wind blies durch die Bäume. Sie drehte Merle Haggard im Radio auf volle Lautstärke und plante innerlich den aufregenden Abend, der vor ihr lag. William kam hundemüde zum Auto. Seine Wrangler-Jeans und sein langärmliges Arbeitshemd waren dreckig und verschwitzt. Schließlich hatte er seit frühmorgens 30 Kilo schwere Heuballen hochgewuchtet. Er hatte zehn volle Stunden geackert, Anhänger für Anhänger mit den rechteckigen Heuquadern beladen und sie in einer stickig heißen, staubigen Scheune aufgestapelt. Nun Mary und ihren wachsenden Bauch zu sehen, bedeutete für ihn das reinste Glück. Die eiskalte Fuhre, die im Kofferraum auf ihn wartete, erzielte den erwünschten Effekt. Er war durch und durch zufrieden.

Sein Mittagessen hatte nur aus einer Scheibe Salami auf zwei Scheiben Weißbrot, zwei Fertigbiskuits und einer Limonade bestanden. Jetzt, fünf Stunden später, war er erschöpft, ausgedörrt und hungrig. Wie schon unzählige Male erprobt, stellte Bier einen annehmbaren Nahrungsersatz dar, der ihn sättigte – eine gekühlte Dose nach der nächsten.

Bald standen nur noch wenige ungeöffnete Bierdosen in der Kühlbox, aber weder William noch Mary machten sich Gedanken darum. Jedes Zischen und Schäumen linderte Williams Schmerzen und ließ ihn die Arbeit in der sengenden Hitze vergessen. Es war ein Leichtes für Mary, ihn zu überreden, auswärts essen und feiern zu gehen. Aber vorher musste er duschen und sich umziehen und sie machten sich auf den Heimweg. Mary kuschelte sich beim Fahren eng an ihn und legte ihre Hand auf seinen rechten Oberschenkel. Ihr Gurt blieb unangetastet.

Die Geschwindigkeitsbegrenzung lag auf dieser Strecke bei 80 km/h, aber da weder Verkehr noch Polizei in Sicht waren, drückte William auf die Tube, bis der Tacho 120 anzeigte. Abgelenkt von Marys Hand, von der Vorfreude auf den bevorstehenden Abend und durch seine vom Alkohol eingeschränkten Reflexe war er der kurvenreichen Straße vor ihnen nicht gewachsen.

7

EINE LEBENSRETTENDE ENTSCHEIDUNG

Newtons Gesetze von Kraft und Bewegung taten ihr Übriges, dass das rasende Auto die zweite Kurve nicht schaffte. Der Hyundai kam unkontrolliert ins Schleudern, rotierte heftig und rammte mit der Hinterseite mit voller Wucht eine alte Weißeiche. Der ausgeblichene Kofferraum und die rostigen Kotflügel wurden zusammengedrückt wie die platten Dosen, die Mary kurz zuvor aus dem Kofferraum geworfen hatte. Die Scheiben zerbarsten in Tausende winzige Scherben wie kleine Diamanten. Die Türen wurden verbogen und sprangen auf und Mary flog ungesichert wie von einer Schleuder katapultiert nach draußen. Die mächtige Eiche stand unbeschadet mitten in den zerbeulten Blechtrümmern. Zischende Geräusche verklangen in der Stille.

Hilfe nahte in Form eines Autofahrers, der noch außer Sichtweite und anderthalb Kilometer entfernt war. Als der schockierte Unfallhelfer den Horrorschauplatz erreichte, fand er Mary reglos auf der Erde, ihren Kopf in einer anschwellenden Blutlache. William saß sicher angeschnallt hinter dem Lenkrad, benommen, aber nicht ernsthaft verletzt. Blut rann ihm am Kinn herunter, weil er sich am Lenkrad die Lippe aufgeschlagen hatte.

Marys Leben hing an einem seidenen Faden, als der Autofahrer auf seinem Motorola-Handy hektisch den Notarzt rief. Innerhalb einer Viertelstunde war ein Rettungswagen aus dem nahe gelegenen Columbia vor Ort und stellte gleich fest, dass Mary ein schweres Schädeltrauma erlitten hatte und dringend intensivmedizinische Hilfe brauchte. William wurde ins Kreiskrankenhaus gebracht, wo er behandelt und mit kleineren Verletzungen wieder entlassen wurde. Mary wurde in die *Vanderbilt*-Uniklinik geflogen, wo sie ein Krankenhaus von Weltrang und hochausgebildete Spezialisten empfingen. Das erfahrene Trauma-Team der Hubschrauberbesatzung stabilisierte sie für den 23-minütigen Flug zum Helikopterlandeplatz des Krankenhauses.

Die Familienangehörigen wurden informiert und beide Mütter eilten mit William zur *Vanderbilt*-Klinik in der Innenstadt von Nashville. Die Ärzte machten Marys Familie kaum Hoffnung, dass sie die Nacht überleben würde. Ein einfühlsamer Arzt kümmerte sich um die schockierte Familie und bereitete sie auf das Schlimmste vor. Reaktionen des Gehirns waren kaum mehr vorhanden, und ohne die immense Anzahl medizinischer Geräte um sie herum, die Leben in ihren Körper pumpten, wäre sie bereits tot gewesen. Da durch Marys schwere Kopfverletzungen praktisch keine Hoffnung blieb, dass sie überlebte, lenkte der Arzt den Blick der Familie behutsam auf den ungeborenen und noch immer lebensfähigen Fötus.

In einfachen Worten erklärte der Arzt, dass selbst ein Kind, das ohne einen Unfall drei Monate zu früh auf die Welt kommt, ungleich geringere Chancen hat. Zudem war zu befürchten, dass Syndrome, die auf Marys Alkoholkonsum zurückzuführen waren, und die mangelnde Vorsorge gegen die Gesundheit des Kindes sprachen. Ein zweiter Arzt gesellte sich hinzu und gemeinsam erläuterten sie viele denkbare Erkrankungen, die diesem Baby möglicherweise drohten. Die umfangreiche Liste umfasste eine mangelnde Entwicklung von Herz und Lungen, zudem Hirnschlag, Blindheit und Hirnschäden. Jeder Punkt bedeutete, dass das Kind sein Leben lang auf Hilfe angewiesen sein würde – vorausgesetzt es überlebte. Sie fügten hinzu, dass die Wahrscheinlichkeit gering war, dass das Kind länger als ein paar Tage leben würde. Trotz all dieser denkbaren Szenarien sah Marys mitgenommene Mutter den Ärzten verzweifelt in die Augen und wies sie an, alles zu unternehmen, um den Säugling zu retten.

Das auf neonatale Intensivmedizin spezialisierte Team bereitete den Kreißsaal fieberhaft für einen Notkaiserschnitt vor. Am Sonntagmorgen, dem 8. Juli 1990, um 6.01 Uhr, wurde der kleine Sohn von William Derryberry und Mary Davidson auf die Welt geholt. Zwei Stunden und 29 Minuten später schaltete man das lebenserhaltende Gerät ab, das Marys verwundeten und angeschwollenen Körper mit den letzten Überresten ihres Lebens verbunden hatte. Ihr Schädeltrauma und weitere innere Verletzungen waren zu schwerwiegend, als dass Hoffnung auf eine Genesung bestanden hätte. William streichelte ihre weiche, geschwollene Hand ein letztes Mal und schluchzte unkontrolliert bei Marys letztem Atemzug.

Auf demselben Flur klammerte sich ihr noch namenloser Sohn an sein eigenes, labiles Leben. Draußen erfüllten Kirchenglocken der Belmont United Methodistengemeinde die schwüle Luft dieses Julisonntags – ernste und doch fröhliche Klänge, die den Tod betrauerten und die Geburt feierten.

Der kleine Junge, der 13 Wochen zu früh zur Welt gekommen war und weniger als ein Kilo wog, rang um seinen ersten Atemzug. Für seinen erbitterten Kampf ums Leben hätte man ihn gut

Rocky nennen können, aber nach drei Tagen bekam er den ersten Vornamen seines Vaters William. Sein Zweitname bestand aus den Anfangsbuchstaben der Zweitnamen seiner Eltern. Im Standesamt wurde er offiziell als »William HK Derryberry« registriert, aber anschließend einfach HK genannt.

8

DAS WUNDERBABY

Solange Pearl erzählte, saß ich auf der Stuhlkante, gebannt und erschüttert von der Tragik, die HKs verhängnisvollen Start ins Leben umgab. Aber das war erst der Anfang. Seine Geschichte bestand nicht nur aus Herkunft und Geburt.

Über mehrere Samstagstreffen hinweg räumte Pearl ein ganzes Lager an Erinnerungen aus, und ich erfuhr, wie es kam, dass dieser kleine, blinde Wunderjunge an jenem Tag, als ich die Imbissstube betrat, an genau diesem Tisch saß.

Das Überleben des Frühchens war von Beginn an ein täglicher Kampf und stand ständig auf der Kippe. Pearl wusste, dass William nie in der Lage sein würde, ein Kind aufzuziehen, vor allem keines, das ständige Pflege und Fürsorge brauchte. Sein Leben war ein Hin und Her aus Gelegenheitsjobs und Gefängnis. So wurde Pearl mit 45 Jahren der Vormund ihres Enkelsohns.

Allein einen Enkel mit Behinderungen großzuziehen und gleichzeitig für ihren Lebensunterhalt sorgen zu müssen, war kaum das Leben, das Pearl Derryberry sich erträumt hatte. Aber sie übernahm die Aufgabe in der festen Absicht, ihrem winzigen, geschwächten Enkel eine bessere Mutter zu sein als ihren beiden

Söhnen. Sie empfand den Unfall als Chance für einen Neuanfang und packte mit beiden Händen zu.

In weiser Voraussicht hatte Pearl 1986 nach einer unerwarteten Beförderung im Gaswerk ein kleines, weißes Holzhaus mit zwei Schlafzimmern gekauft, das in der Innenstadt von Nashville lag. Es war elf Kilometer von der *Vanderbilt*-Uniklinik entfernt, wo HK die ersten drei Monate auf der Intensivstation für Frühgeborene verbrachte. Laut Klinikordnung musste das wachhabende Pflegepersonal genau notieren, wann und um welche Uhrzeit welcher Besucher die Intensivstation betrat und verließ: Pearl Derryberrys Name ist an jedem der 96 Tage vermerkt, an denen ihr Enkel ums Überleben kämpfte.

An manchen Tagen schaute sie auf dem Hin- oder Rückweg von der Arbeit vorbei. An Tagen, an denen sich HKs Zustand verschlechterte und sie nicht freibekam, nutzte sie ihre verlängerte Mittagspause, um nach ihm zu sehen. In den einsamen, rastlosen Nächten, in denen sie die Wand anstarrte, statt zu schlafen, verschaffte ihr ein kurzer Krankenhausbesuch Trost und beruhigte die ständige Angst.

Pearl kannte nur eine Handvoll Leute in Nashville, allesamt Angestellte im Gaswerk. Ihre Mutter, die selbst alt und gesundheitlich nicht auf der Höhe war, fuhr gelegentlich von der Farm her, um Nachtwache zu halten. Sporadisch erschien auch William auf der Bildfläche, blieb aber meist fern. Seit dem Unfall hatte er mit seinen eigenen tiefen Abgründen zu kämpfen. Die traurige Realität war, dass Pearl den Berg, der unbezwingbar vor ihr aufragte, auf eigene Faust überwinden musste: Sie bewältigte das alles einsam und ohne soziales Netz, ohne Familie und Freunde – eine Stunde, einen Tag und einen Schritt nach dem anderen.

Als Pearl einmal frühmorgens, nur wenige Tage nach HKs Geburt, die Kinderstation betrat, winkte eine Schwester sie wortlos auf den Flur. Pearl war schon aufgefallen, dass mehr als der übliche Pulk aus Medizinern HKs Bettchen umgaben. Die Schwester teilte ihr mit, worauf sie nicht vorbereitet war: In der Nacht war in seinem Gehirn eine Blutung aufgetreten – eine Blutung vierten Grades, der schlimmsten Form. Eine OP war zu diesem Zeitpunkt ausgeschlossen und es bestand so oder so nur geringe Hoffnung, dass HK überlebte. Daher stopften sie ihn mit Antibiotika voll, untersuchten ihn mehrmals täglich per Ultraschall und warteten ab. Pearl hoffte und betete für einen guten Ausgang, aber ihr Bauchgefühl ließ sie anderes befürchten. In den vier Tagen darauf fuhr sie nur nach Hause, um zu duschen und sich umzuziehen. Am fünften Tag zeigte die Computertomografie, dass die Blutung gestillt war und das ausgetretene Blut zurückging. Pearl verbuchte es als Wunder. Später sagte man allerdings, dass diese schlaganfallähnliche Episode wahrscheinlich die Ursache für die Lähmung und die mangelnde Entwicklung der rechten Körperhälfte ihres Enkels war, was schließlich als Zerebralparese – Kinderlähmung – diagnostiziert wurde.

Nachdem das Frühchen diesen Rückschlag überlebt hatte, verbesserte sich sein Zustand auf ungeahnte Weise, ließ Ärzte, Schwestern und Pearl ein wenig durchatmen und füllte das helle Krankenhauszimmer mit vorsichtigem Optimismus. Nachdem die Krise überstanden war, stellten die Ärzte die intravenöse Antibiotikazufuhr ein. Aber zwei Tage später litt HK unter schwerer Atemnot und die Hoffnung auf eine schnelle Genesung verblasste wie eine neue Jeans.

Die Ärzte diagnostizierten einen »persistierenden Ductus arteriosus«, kurz PDA, eine lebensbedrohliche Fehlbildung des Herzens und das häufigste Problem bei Frühchen. Die Kinderspezialisten erklärten HKs jüngstes Leiden umständlich damit, dass sich ein nur im Mutterleib notwendiger Durchfluss zwischen zwei Adern nicht wie vorgesehen geschlossen hatte. Dadurch konnte das Blut nicht normal in seine neu entwickelten Lungen fließen. Wieder waren alle Möglichkeiten für eine OP vom Tisch und seine Überlebenschance sank von Stunde zu Stunde.

Die Ärzte legten HK erneut an den Antibiotika-Tropf und unter ein Sauerstoffzelt in der Hoffnung, seinem geschwächten Körper Zeit zu verschaffen, damit er die heikle Herzklappenoperation überstehen konnte. Ihr medizinisches Gespür half ihm über den Berg und nach einem Monat war er stabil genug für den Eingriff. Die Herz-OP verlief erfolgreich, aber später stellten die Ärzte fest, dass die monatelange erhöhte Sauerstoffzufuhr eine sogenannte Frühgeborenen-Retinopathie zur Folge hatte, eine gestörte Blutgefäßentwicklung im Auge, die zu Netzhautablösung und Erblindung führen kann.

Am 11. Oktober 1990 nahm Pearl ihren winzigen Enkel endlich mit nach Hause. Ihr verständnisvoller Vorgesetzter im Gaswerk gestand ihr flexible Arbeitszeiten zu, lange bevor dieses Konzept verbreitet war. Aber arbeiten musste sie dennoch und daher brauchte sie dringend zusätzliche Hilfe bei der Pflege des Säuglings. Jimmy, ihr jüngerer Sohn, war wie sein Vater Fernfahrer geworden und ständig auf Achse. Außerdem war seiner Ansicht nach sein älterer Bruder dafür verantwortlich, sich zu Hause um seinen kleinen Sohn zu kümmern. William fand schließlich eine Anstellung bei einer Firma, die Parkplätze an Flughäfen anbot, und konnte nach Nashville ziehen, war aber keine große Unterstützung. Mit seinem unberechenbaren Jähzorn und seiner nahezu manisch-depressiven Persönlichkeit konnte er gerade einmal gelegentlich die Windeln wechseln oder Babynahrung aus dem Kühlschrank holen. Zusätzliche Unterstützung kam, als Pearls kränkliche Mutter für eine Woche nach Nashville fuhr. Sie blieb schlussendlich zwei Jahre lang.

9

SONNTAGSKIND

Einen Monat nachdem HK die Klinik verlassen hatte, kam Pearls Alltag wieder in eine erträgliche Balance. Doch die beiden blieben auch weiterhin vertraute Gesichter auf der Kinder-Intensivstation. HKs schwache Lungen konnten Bronchitis, Lungenentzündung und Asthma nicht allein bewältigen. Eine Weile lang aß er nichts, war matt und bekam Gelbsucht. Nach einer Reihe von Tests diagnostizierten die Endokrinologen schließlich eine gefährliche Schilddrüsenunterfunktion, gegen die er sein Leben lang Medikamente einnehmen muss. Während seines gesamten Aufenthalts in der neonatalen Intensivstation, bei etlichen Operationen, anschließenden Klinikaufenthalten, in Physiotherapie und intensiver Beratung genoss HK eine medizinische Spitzenbehandlung durch die Spezialisten der *Vanderbilt*-Uniklinik und des Kinderkrankenhauses. Ohne ihr außerordentlich hohes Maß an Betreuung hätte er schlichtweg nicht überlebt und Pearl war enorm dankbar dafür, dass fast alle der immens hohen medizinischen Ausgaben von staatlichen Gesundheitsfonds bezahlt wurden.

Mit achtzehn Monaten, wenn die meisten Kinder schon ihre ersten tapsigen Schritte machen, bemühte sich HK, mobil zu werden. Wegen seiner rechtsseitigen Lähmung konnte er nicht normal krabbeln, doch er ließ sich nicht beirren und entwickelte eine Rutschtechnik ähnlich einer zur Seite schlängelnden Klapperschlange. Es funktionierte perfekt. Wie jedes Krabbelkind kam er, wohin er wollte, nur ein wenig langsamer und mit seiner eigenen, unverwechselbaren Technik.

Über den Hartholzboden zu rutschen, und sei es auch nur eine kurze Strecke, war allerdings nicht gut für seine empfindliche Haut. Deshalb schuf Pearl eine Spielfläche, die 1,20 mal 3 Meter maß und aus einer Gummimatte von etwa fünf Zentimetern Dicke bestand, weich war wie ein Kissen und viel Platz zum Bewegen bot. Auf den Boden daneben stellte sie drei weiße Plastikbehälter mit Windeln, Hautlotion, Puder und anderem Babyzubehör.

Eines Abends wuschen Pearl und ihre Mutter gemeinsam das Geschirr vom Abendessen ab und ihre Mutter wollte sie ein wenig aufmuntern. Unter ihren Weisheiten gab es eine, die Hoffnung mit einer Portion Realismus vermischte: »Das Leben ist nie so gut, wie es aussieht, oder so schlecht, wie es scheint.« In Pearls Ohren klang das sehr wahr. Als sie sich weiter über ihr jeweiliges Leben mit allen Schwierigkeiten unterhielten, merkten sie plötzlich, dass es ungewöhnlich still geworden war im Haus.

Voller Sorge, dass dem Kleinkind etwas zugestoßen sein könnte, stürzten sie ins Wohnzimmer. Was sie dort vorfanden, vergaßen sie anschließend nie wieder: HK war um den Spielbereich herumgerutscht und hatte in einer der weißen Plastikkisten ein geheimnisvolles Gefäß gefunden. Irgendwie war es ihm gelungen, die Kiste zu öffnen, und er hatte darin zu seiner maßlosen Freude eine große Dose Vaseline entdeckt.

Beide Frauen verharrten stumm bei diesem Anblick: HK hatte die Vaseline nicht nur gefunden, sondern es auch geschafft, den

Deckel zu öffnen und sich von Kopf bis Fuß mit der herrlichen Schmiere zu überziehen! Das ungewohnte Gefühl auf der Haut musste er als besonders angenehm empfunden haben, denn er hatte seine winzige Hand immer wieder in die Cremedose getaucht, bis sie leer war. Mutter und Tochter begannen laut zu lachen, bis ihnen die Tränen kamen. Jeder Versuch, etwas zu sagen, endete nur in weiteren unkontrollierbaren Lachanfällen. Eine Aufmunterung war genau das, was sie gebraucht hatten, und an diesem Abend bekamen sie sogar eine besonders große Portion davon. Pearl beschrieb die Szenerie mit den Worten: »Er sah aus wie eine riesige geschmolzene Kerze mitten im Laufstall.« Um solch seltene glückliche Momente neben den Bergen von Sorgen nicht zu vergessen, holte sie ihre alte Polaroidkamera hervor und hielt die geschmolzene Kerze fest, die einen unvergessenen Abend lang den Wohnzimmerboden zierte.

Trotz solcher humorvoller Augenblicke war das Leben weiterhin alles andere als leicht. Nach ihrer schwierigen Vergangenheit – und verstärkt durch die Tatsache, dass sie morgens nur schwer aus dem Bett kam – war sie immer schon der Meinung gewesen, dass ein neuer Morgen nichts Gutes bereithalten konnte. Und nun sah ihre Zukunft ebenso düster aus wie ihre Vergangenheit.

Ein Kinderreim der Märchenfigur Mutter Gans beschrieb Pearls Zukunft so:

Montagskinder haben ein hübsches Gesicht
Dienstagskindern fehlt die Anmut nicht
Mittwochskinder tragen viel Leid
Donnerstagskinder haben's noch weit
Freitagskinder lieben gern und geben

Samstagskinder rackern sich ab im Leben
Und die Kinder geboren am Tag des Herrn
sind munter und fröhlich und lachen gern.

Sie erklärte mir, wie sie den kleinen Reim verstand:»HK ist ein Sonntagskind und ich bin ein Mittwochskind. Ich muss mich jeden Tag bemühen, meine negative Haltung zu überwinden.« Und das schaffte sie. Von HKs erstem Tag zu Hause an vermied sie es bewusst, dunkle Wolken über ihrem Enkel aufziehen zu lassen. Stattdessen entschied sie sich für das warme Sonnenlicht aus positiver Bestärkung und unaufhörlicher Ermutigung.»Tu als ob, bis du so bist« wurde zu ihrem ständigen Motto. Jeden Morgen begrüßte sie ihn mit den Worten:»Guten Morgen! Ist heute nicht ein wundervoller Tag?« Sie zauberte Glück und Optimismus herbei, selbst wenn die Welt um sie herum zusammenbrach.

Pearl schaffte es, ein Leben zu bewältigen, das sie sich nie gewünscht hatte, indem sie die Zukunft so anging, wie sie es immer getan hatte: einen Tag nach dem anderen. Und sie tat es mit ungebrochenem Mut und fester Entschlossenheit. Fragte man sie im Vorübergehen, wie es ihr gehe, gab sie immer ihre Standardantwort, belegt mit einer dicken Scheibe reinem Sarkasmus:»Bestens, bestens, bestens!« Aber Pearl Derryberry hatte etwas, das keine Fassade und kein Versteckspiel erforderte: Sie hatte Grips, und zwar eine Menge davon.

10

DIE WIRKLICHKEIT KEHRT EIN

Als wir uns eines Samstags unterhielten, öffnete sich Pearl ein wenig mehr und sie erzählte mir über William, HKs Vater. Obwohl er völlig unfähig war, sich um seinen Sohn zu kümmern, war er nach dem Unfall noch fünf Jahre in Nashville geblieben. »Und dann«, erzählte sie, »schneite William an einem kalten Februarmorgen, als HK fünf Jahre alt war, vor seiner Arbeit in Columbia bei uns herein. Ich tanke nur ungern, weil mir von dem Geruch immer übel wird. Deshalb bat ich ihn, bis zu unserem Einkaufszentrum in der Nähe hinter mir herzufahren und dort meinen Toyota-Pick-up zu betanken. Das hatte er hin und wieder schon getan, weil ich dann immer auch die Tankrechnung für seinen alten, ramponierten Lieferwagen bezahlte. Nachdem er für mich getankt hatte, füllte er seinen eigenen Wagen, kam an mein Fenster, beugte sich hinein und murmelte mit hämischem Grinsen: ›Tja, dann bis später mal.‹ Und daraufhin haben wir fast zehn Jahre lang nichts von ihm gesehen oder gehört. Dieses Gen, einfach abzuhauen, hat er wirklich von seinem Vater.«

Im Lauf der Jahre erfuhr ich bei meinen Imbissbesuchen noch viele weitere vertrauliche Einzelheiten über ihre immensen Schwierigkeiten und HKs Behinderungen. Pearl war Profi darin geworden, HKs zahllose medizinische Probleme zu bewältigen, darunter zerebrale Kinderlähmung, eine Schilddrüsenunterfunktion, Asthma, Erblindung, Krampfanfälle, eine leichte Gehirnschädigung und eine eingeschränkte Funktion seines rechten Arms und Beins. Sein linkes Bein wurde fast vier Zentimeter länger als sein rechtes, weshalb er deutlich humpelte. Seinen rechten Arm bezeichnete sie liebevoll als »Hähnchenflügel, denn wenn er läuft, wippt er auf und ab wie der Kopf eines Wackeldackels«.

Mit der Zeit lernte Pearl, HKs tägliche Medikamente zu verwalten, darunter solche, die die Schilddrüsenfunktion aufrechterhielten und gegen Krampfanfälle, Allergien und Sodbrennen wirkten. Zweimal täglich musste er Atemübungen machen, um die Asthmaanfälle zu reduzieren, und vor dem Schlafengehen brauchte er Augensalbe gegen das Austrocknen. Er wird sein Leben lang auf Hilfe angewiesen sein, um schon die grundlegendsten Dinge wie Toilettengänge, Baden, Anziehen, Essen und Laufen zu meistern. »Er wäre für jeden eine Herausforderung«, gestand Pearl mir.

Sie beschrieb mir die zahlreichen Operationen, die HK seit seiner Geburt über sich ergehen lassen musste und von denen einige erfolgreich gewesen waren und andere nicht. Anfangs waren die Augenspezialisten optimistisch gewesen, dass durch die OPs seine Erblindung korrigiert und eine eingeschränkte Sehfähigkeit hergestellt werden könnte. Aber die Versuche blieben erfolglos. Und nach Besuchen bei Koryphäen der Augenheilkunde wie Dr. Ming Wang aus Nashville musste Pearl mit der niederschmetternden Erkenntnis leben, dass der Schaden irreparabel war. HK würde sein Leben lang blind bleiben. Für Pearl ist HKs fehlende Sehfähigkeit seine größte Hürde: »Es würde so viel verändern, wenn er bloß eine Minute lang sehen könnte. Wie soll man jemandem Farben erklären, der sie noch nie gesehen hat?«

Zu seiner medizinischen Behandlung gehörten zweimal pro Woche Besuche im Kinderkrankenhaus zur Ergo- und Physiotherapie, dazu kamen gelegentliche Fahrten in die Notaufnahme, wenn er unter Asthmaanfällen oder schweren Erkältungen litt, die sich leicht zu einer Lungenentzündung entwickeln konnten.

Pearl offenbarte mir auch das Geheimnis seiner trostlosen Kleidung – die, wie mir aufgefallen war, sich kaum änderte, egal in welcher Jahreszeit und bei welchem Wetter. Seine schwarzen Omaschuhe waren mir von Anfang an aufgefallen. Sie erklärte mir in ihrer nüchternen Art, dass seine Füße unterschiedliche Schuhgrößen hatten und so klein waren, dass er nur Damenschuhe tragen konnte. Wegen des Größenunterschieds musste sie immer zwei Paar Schuhe kaufen. Die zusätzlichen Ausgaben glich sie aus, indem sie immer auch das gleiche Paar für sich selbst kaufte. Und durch den gleichzeitigen Kauf dreier identischer Paar Schuhe ergatterte diese gewitzte Frau einen Mengenrabatt. Praktisches Denken stand bei Pearl immer im Vordergrund. HK trug jeden Tag Shorts, weil sie sich leichter über seine Schienen ziehen ließen, und die langen, weißen Baumwollsocken, die ihm fast bis zum Knie reichten, schützten seine empfindliche Haut vor Irritationen durch die Schienen.

Auch wenn man sich all das nur schwer vorstellen konnte, klang es doch einleuchtend. Es tat mir nach wie vor zutiefst leid, was die beiden durchgemacht hatten und wie sehr sie sich abmühen mussten, um auch nur einen Hauch Normalität zu wahren.

11

MIT MEINEN AUGEN SEHEN

Ich nahm einen immer wichtigeren Platz im Freundeskreis der beiden ein. Es war zu spüren, dass Pearl sich Sorgen über die Zukunft ihres Enkels und seinen Eintritt in die Pubertät machte. Bei unseren Gesprächen am Tisch ließ sie immer wieder dezente Bemerkungen über die nächste Phase seines Lebens fallen und offenbarte eine tiefe Besorgnis über den fehlenden positiven Einfluss männlicher Vorbilder in seinem Leben. Mit seinen neun Jahren war er emotional am Eingehen und ich spürte ihre Hoffnung, dass ich ihm einen Halt geben würde. Die Verzweiflung in ihren stahlgrauen Augen traf mich bis ins Mark. Sie schien um Hilfe zu rufen, suchte nach einem Mentor, einem Mann, der ihren geliebten Enkel über Pfade geleiten konnte, zu denen sie keinen Zutritt hatte. Dennoch war ich überrascht, als sie mir an einem Samstagnachmittag ungefragt einen Vorschlag machte: »Es wäre für mich in Ordnung, wenn Sie HK einmal für eine kurze Weile mitnähmen. Ich glaube, er würde sich sehr freuen. Ich weiß, dass er sich einsam fühlt und langweilt, wenn er den ganzen Tag hier sitzt.«

Ich ergriff die Gelegenheit beim Schopfe und wandte mich an HK: »Junge, das ist ja fantastisch, am Wochenende kann ich wirklich jede Hilfe gebrauchen!« Mit seinem strahlenden Grinsen war die Sache abgemacht.

Wir begannen, die Gegend um Brentwood unsicher zu machen, und genossen unsere Zeit zusammen mit Angelegenheiten, die Männer und Jungs eben so machen: An manchen Samstagen bestellten wir uns im Drive-in riesige Schokoladen-Milchshakes und an anderen kauften wir im Baumarkt ein. Es machte ihm Spaß, mir bei meinen Wochenenderledigungen zu »assistieren«. Wir unternahmen Supermarkteinkäufe, Ölwechsel, Autowäschen und Friseurbesuche und in den Anfangszeiten war es völlig egal, was wir erledigten oder wohin wir fuhren: Alles war neu und aufregend für diesen unerfahrenen kleinen Jungen.

HK verließ sich in fast allem auf mich und sein Wohlergehen war für mich oberste Priorität. Ich traf jede erdenkliche Vorsichtsmaßnahme, vor allem wenn ich ihn bei seinem schleppenden Gang stützte oder darauf bestand, dass er sich anschnallte, wenn er mit im Auto fuhr. Er erinnerte mich ebenfalls regelmäßig daran, den Gurt anzulegen. Manchmal fragte ich mich bei seinen Aufforderungen, ob er wusste, welche Rolle Anschnallgurte beim tödlichen Autounfall seiner Mutter gespielt hatten. Wer brauchte schon einen Erinnerungsalarm, wenn HK im Auto saß? Einmal lehnte er sich ganz nah vor mich und verkündete streng: »Mr Bradford, click it or ticket – Gurt oder Knöllchen!« Die Highway-Polizei von Tennessee wäre hocherfreut zu erfahren, dass ihr jüngster Radiospot solche Erfolge hatte, zumindest bei diesem kleinen Zuhörer.

Wenn wir vom Fast-Food-Restaurant aus unsere Ausflüge unternahmen, sprudelten die Fragen über alles und jeden nur so aus HK heraus. Ich wusste, dass kleine Jungs von Natur aus neugierig sind, aber das Interesse meines neunjährigen, blinden

Freundes sprengte alle Grenzen. Auch wenn wir nur die Straße entlangfuhren, wollte er unaufhörlich etwas wissen:»Mr Bradford, wo fahren wir gerade vorbei? Was sehen Sie auf beiden Straßenseiten?« Wenn ich ihm die Farbe seiner Kleidung beschrieb, bohrte er gern nach:»Mr Bradford, wie sieht Weiß aus?« Als Sportfanatiker bat er:»Mr Bradford, lesen Sie mir den Sportteil vor?« Wochen später konnte er diese Artikel noch immer fast wortwörtlich wiedergeben, aber damals amüsierte ich mich zu sehr darüber, als dass ich diesem merkwürdigen Phänomen viel Bedeutung beigemessen hätte.

Wenn wir Sportveranstaltungen in der Nähe besuchten, war ich immer sein Kommentator und flüsterte ihm jeden Spielzug ins Ohr – wir hatten einen Riesenspaß! Ich war sein Lehrer und er war mein beflissener Meisterschüler. Nach ein paar Monaten stellte ich fest, dass er immer weniger Fragen stellte und die Gespräche mit meinem kleinen Beifahrer mehr und mehr beidseitig verliefen – kleine Schritte in die richtige Richtung. Er versuchte nicht nur, Konversation mit mir zu betreiben, sondern benutzte auch meine Augen, um selbst zu sehen, und das war mir nur recht. Ich lieh sie ihm jederzeit gern.

An einem Wochenende heckte ich einen Plan aus, der für uns beide eine neue Erfahrung sein würde. Ich wusste, dass HK sich an das Essen bei *Mrs Winner's* gewöhnt hatte, aber ich wusste auch, dass er außerhalb des Imbissessens noch nicht viel probiert hatte. Ich plante, mit ihm in einem nicht allzu gehobenen Restaurant essen zu gehen, das für Kinder einen besonderen Leckerbissen auf der Speisekarte hatte, den es bei den meisten Fast-Food-Ketten nicht gab. Von unseren vergangenen Ausflügen wusste ich, dass er Schokoladen-Milchshake liebte. Ohne genau zu wissen weshalb, kam mir *Steak 'n Shake* in den Sinn, ein Retro-Diner im

Stil der Sechzigerjahre, das berühmt war für Steak-Burger und dickflüssige, eiskalte Milchshakes aus hausgemachter Eiscreme. Es war nur eine Viertelstunde über die Interstate 65 entfernt und ich fand es optimal für unser erstes gemeinsames Essen außerhalb von *Mrs Winner's*.

»Hast schon mal bei ›Steak 'n Shake‹ gegessen?«, fragte ich.

»Nein«, antwortete er geradeheraus.

»Magst du Hamburger?«

»Nein, die mag ich nicht.«

Von seiner Antwort überrascht, fragte ich: »Bist du sicher, dass du keine Hamburger magst? Ich dachte, alle Jungs mögen Hamburger.«

»Ja, da bin ich ganz sicher. Grammy hat gesagt, ich mag keine Hamburger.«

(Als ich später bei Pearl nachfragte, erfuhr ich, dass sie ihn tatsächlich mehrfach davor gewarnt hatte, Hamburger zu essen, weil die winzigen Fleischpartikel zwischen seinen Kinderzähnen hängen bleiben und Irritationen am Gaumen auslösen würden. Sie müsste dann Zahnseide bei ihm anwenden.)

Da hatte ich mich aber schon so auf einen köstlichen Steakburger bei *Steak 'n Shake* gefreut, dass ich nun gern auch einen essen wollte. Da ich das Mittagessen auch nicht verschieben mochte, um ein anderes Restaurant zu suchen, wandte ich eine kleine List an.

»Hast du schon mal Steakburger gegessen?«

»Ich glaube nicht.«

»Junge, das ist ja großartig! Du weißt gar nicht, was dir bislang entgangen ist. Steakburger werden dir sehr viel besser schmecken als die ollen normalen Hackfleisch-Burger. Steak ist nämlich das teuerste Stück vom Rind.«

Selbst dieses kleine blinde Kind durchschaute meine lahme Verkaufsmasche und war durchaus nicht davon überzeugt, dass irgendetwas mit -burger im Namen in naher Zukunft zu seinen Lieblingsessen zählen könnte. Aber es erschien dennoch ein vergnügtes Lächeln auf seinem Gesicht: Er war bereit, es drauf ankommen zu lassen.

Ich griff nach seiner gesunden linken Hand und wir betraten das glänzende Restaurant mit den schwarz-weißen Fliesen. Wir wurden herzlich von einem Jungen im Highschool-Alter begrüßt. Er trug eine tadellos weiße Uniform und den passenden weißen Papierhut, der gefaltet war wie die alte Militärkappe, die ich vor vielen Jahren während meiner Zeit in der Armee getragen hatte. Unser junger Kellner begleitete uns zu einer Tischnische hinten im Restaurant. Wir liefen langsam zu unseren Stühlen, begleitet von den Blicken eines voll besetzten Restaurants.

HKs auffälliges Humpeln, sein verkümmerter rechter Arm und die Hand, die auf und ab wippte, boten ein ziemliches Spektakel. Ich weiß noch, dass mir bewusst wurde, dass wir bei unseren anderen Ausflügen nicht so viel Aufmerksamkeit erregt hatten. Aus irgendwelchen Gründen sahen uns die Restaurantbesucher den ganzen Weg über nach. Ich kann mich noch erinnern, dass ich genauso war, bevor ich HK kennenlernte.

Unser Kellner half uns, Platz zu nehmen, und reichte mir zwei Speisekarten. Noch bevor ich die vielfältigen Angebote durchsehen konnte, wurden meine Geschmacksnerven vom köstlichen Duft der brutzelnden Steakburger geweckt. HKs wahrscheinlich auch. Als ich mich umblickte, fiel mir eine gut gekleidete Dame auf, die uns von ihrem Tisch auf der anderen Seite des Restaurants aus anstarrte. Sie war ungefähr in meinem Alter und schien mit drei anderen Gästen gemütlich Mittag zu essen. Nachdem sie

uns durch den Saal humpeln gesehen hatte, lag der unüberseh-
bare Ausdruck von Mitleid auf ihrem Gesicht.

Unsere Kellnerin, Evelyn, erschien mit zwei Gläsern Wasser.
Sie sah mir in die Augen und fragte:»Seid ihr startklar für die
Bestellung, ihr zwei Hübschen?« Bevor ich antworten konnte,
erwiderte HK enthusiastisch:»Ja!«, obwohl wir noch gar nicht
dazu gekommen waren, darüber zu reden. Wir bestellten beide
das volle Steakburger-Menü mit Pommes und großen Schoko-
ladenshakes. Anfangs machte ich mir wegen seiner Bemerkung
über Hamburger Gedanken um die Burgerbestellung, aber das
währte nicht lange.

Zehn Minuten später brachte Evelyn unser Essen. Ich schnitt
ihm den Burger in vier kleinere Stücke und saß fasziniert daneben, während er seinen Steakburger genoss wie ein ausgehunger-
ter, kleiner Tiger, der seine erste feste Nahrung mampft. Er fut-
terte eine heiße Pommes nach der anderen, aber erst, nachdem
er seinen Steakburger aufgegessen hatte. Ich schloss, dass er ein
großer Fan der etwas teureren Rindfleischvariante war. Langsam
strich er mit den Fingern über den gesamten, nun leeren Teller.

»Mr Bradford, habe ich alles aufgegessen?«

»Alles außer dem Teller.«

»Mr Bradford, das war nur ein Witz, oder? Sie wissen doch,
dass ich keinen Teller essen kann.«

»Da bin ich aber froh, denn einen Teller *und* einen Steakburger
könnte ich gar nicht bezahlen.«

Als wir mit unserem Essen fertig waren, warf uns die Unbekannte am anderen Ende des Saals weitere prüfende Blicke zu.
Bevor wir gehen konnten, kam sie an unseren Tisch, sah mir in
die Augen, tätschelte HK den Kopf und sagte:»Da haben sie aber
einen großartigen Sohn.«

»Vielen Dank. Er ist wirklich großartig und ich bin sehr stolz auf ihn.«

HK schüttelte sich vor Lachen, als sie gegangen war.

»Mr Bradford, sie glaubt, dass ich Ihr Sohn bin!«

»Wenn das in Ordnung für dich ist, behalten wir dieses kleine Geheimnis für uns. Du weißt ja, dass ich keinen Sohn habe.«

»Für mich ist das in Ordnung, aber Sie müssen wissen, dass ich kein Geheimnis für mich behalten kann.«

Diese spontane Bemerkung hätte bei mir alle Alarmglocken schrillen lassen sollen, aber ich dachte nicht weiter darüber nach. Leider wurde ich seither viele Male an dieses Geständnis erinnert!

Als ich später über diese ungewöhnliche Begegnung nachdachte, fragte ich mich, was dieser völlig fremden Frau durch den Kopf gegangen sein mochte. Hatte sie ihre Bemerkung ehrlich gemeint? Oder wollte sie nur Small Talk treiben, weil ich sie beim Herüberstarren erwischt hatte? War es einfach eine höfliche Geste gewesen oder wollte sie auf diese Weise ihr Mitgefühl ausdrücken? Wahrscheinlich bedauerte sie HK. Vielleicht tat ich ihr leid, weil ich als Vater mein Leben lang diese schwere Last zu tragen hatte. Ehrlich gesagt, hätte ich genau dasselbe gedacht, bevor ich HK kennenlernte.

12

HERAUSFORDERUNGEN
IN DER SCHULE

Mit jedem Mal, wenn Pearl sich zu uns setzte und erzählte, konnte ich mir ihren und HKs Alltag außerhalb von *Mrs Winner's* besser vorstellen. Ich erfuhr, dass HK mit drei Jahren eins der jüngsten Kinder gewesen war, das je die Blindenschule von Tennessee besucht hatte, die vom Kindergarten bis zur Highschool alles umfasste. Die Schüler aus dem gesamten Staat wohnten während des Schuljahres auf dem zentralen Campus in kleinen Landhäusern der Schule und fuhren am Wochenende nach Hause. Nach ein paar Jahren beschloss Pearl, dass es HK guttun würde, wenn er ebenfalls eine Nacht pro Woche auf dem Campus blieb, auch wenn sich das Haus ohne ihn leer anfühlte.

Sein Alter und seine Behinderungen bereitetem dem hoch qualifizierten Kollegium größere Schwierigkeiten. Angesichts der Vielzahl seiner körperlichen Behinderungen standen ihm auf dem langen Weg vom Krabbelkind zum eigenständigen Schüler etliche Hindernisse im Weg, auf die selbst dieses erfahrene Expertenteam nicht eingestellt war.

Seine ersten Jahre verbrachte er in Gruppen ähnlich denen in einem Kindergarten. HK lernte in diesen prägenden Jahren die

71

grundlegenden motorischen Fähigkeiten wie Krabbeln, Laufen und Kommunizieren. Seine erste schulische Herausforderung bestand darin, die Blindenschrift lesen und schreiben zu lernen. Als er sechs Jahre alt war, testete Phyllis Alfreda, eine seiner ersten Lehrerinnen und seine größte Fürsprecherin, ob er dazu in der Lage war. Sie fand es nicht nur bestätigt, sondern notierte auch zwei Beobachtungen: Zum einen lag sein Intelligenzquotient innerhalb der Norm und zum anderen bewies er ein ungewöhnlich hohes Erinnerungsvermögen, etwa in Bezug auf seine Krankengeschichte oder Einzelheiten aus Schaubildern.

Dem Kollegium war bewusst, dass es angesichts der Vielzahl seiner Behinderungen extrem wichtig war, jede einzeln in den Blick zu nehmen. Seine Behinderungen wurden sorgfältig untersucht und analysiert, sowohl einzeln als auch im Zusammenspiel mit den anderen. Eigentlich braucht man beide Hände, um die von Louis Braille entwickelte Blindenschrift zu lesen. Da HK seine rechte Hand aber nicht benutzen konnte, stand er vor einer enormen Herausforderung. Doch Phyllis schwamm gegen den Strom gängiger Praxis. Sie ließ nie zu, dass er aufgab, und blieb fest entschlossen, ihm das Lesen und Schreiben in Brailleschrift beizubringen. Schon bald konnte er mit nur einer Hand die Tasten einer normalen Blindenschriftmaschine für zwei Hände bedienen, wenn auch unter großen Mühen. In den meisten Fällen lernen mehrfach behinderte Schüler gar nicht Lesen und Schreiben. Daher hatte die Schulleitung von Anfang an ernsthafte Zweifel an HKs schulischen Fähigkeiten.

Nur eine Frage stand im Raum, und die war entscheidend: Konnte HK die Brailleschrift wirklich mit nur einer Hand erlernen? In der 150-jährigen Geschichte der Schule war das bislang nur einem einzigen anderen Schüler gelungen. Er würde dafür eine spezielle Blindenschriftmaschine brauchen, die sich mit nur einer Hand bedienen ließ. Damals gab es nur ein solches Modell und diese Unimax-Braillemaschine kostete neu 700 Dollar – im Vergleich zu 600 Dollar für eine Zweihand-Maschine. Phyllis und Pearl mussten unermüdlich Überzeugungsarbeit leisten, aber verbissen und erfolgreich bewegten sie schließlich die Schulleitung, das Geld für die Anschaffung der kostspieligeren Maschine für HK bereitzustellen.

Während der Unterrichtszeit lief der Brailleunterricht auf Hochtouren, aber abends hatte HK keine Möglichkeit zu üben. Die Einhand-Maschine war Eigentum der Schule und durfte nicht aus dem Klassenzimmer entfernt werden. Aber als Pearl eines Tages an ihrem Pick-up einen Ölwechsel durchführen ließ, schaltete sich das Schicksal ein. Es war einer ihrer seltenen freien Tage, an denen HK nicht in der Schule war. Im Gespräch mit dem Servicemitarbeiter in der Toyota-Werkstatt erzählte Pearl von ihrem Problem, dass HK eine eigene Schreibmaschine für zu Hause brauchte. Zwei Wochen später überreichten die Werkstattangestellten Pearl stolz einen Scheck mit dem Betrag für eine neue Maschine. Nach der letzten Gehaltszahlung hatten sie einen Hut herumgegeben, um ihr bei den Ausgaben zu helfen. Es versteht sich von selbst, dass Pearl an jenem Tag zur lebenslangen, treuen Toyota-Kundin wurde.

Phyllis Alfredas Entschlossenheit, HK eine gute Bildungsgrundlage mit auf den Weg zu geben, ließ nie nach. Nachdem HK monatelang in und nach der Schule mit Phyllis gebüffelt und anschließend zu Hause mit Grammy geübt hatte, schaffte er das nahezu Unmögliche: Er konnte mit nur einer Hand Worte in Brailleschrift lesen und schreiben! Aber dass er diese Hürde genommen hatte, bedeutete nicht, dass HKs Schwierigkeiten in der Schule oder Pearls Auseinandersetzungen mit der Schulleitung beendet waren.

In seinen Teenagerjahren ergaben die jährlichen Prüfungen der Lehrer, dass HKs schulische Leistungen weit unter dem Durchschnitt lagen. Daher wurde er in eine berufsvorbereitende Maßnahme mit weniger Unterricht eingestuft. Mit 22 Jahren würde er dafür eine einfache Teilnahmebestätigung erhalten statt einem regulären Highschool-Abschluss. Es war offensichtlich, dass die Lehrer die Hoffnung aufgegeben hatten, dass er seine bisherigen schulischen Schwächen würde überwinden können.

Aber Pearl kannte ihren Enkel besser. Ihr Bauchgefühl sagte ihr, dass er ein kluger Schüler war, und setzte als sein größter Beistand alles in Bewegung, damit er die normale Highschool durchlaufen konnte. Obwohl das der richtige Ort für ihn war, blieb es schwierig.

Das Lernen war nicht das Problem: Die Herausforderung bestand in den Schulbüchern für Fächer wie Geschichte und Sozialkunde. Es lag auch nicht am einhändigen Lesen der Worte in Brailleschrift, sondern jede einzelne Zeile und jeden Satz zu verfolgen, stellte sich als nahezu unmöglich heraus. Normalerweise hat die Brailleschrift mit ihren sechs Punkten pro Buchstabe einen engen Zeilenabstand. Ohne eine zweite Hand, mit der er sich an den Zeilen orientieren konnte, las HK einfach Wortgruppen statt ganze Sätze. Die Beratungslehrer der Schule informierten Pearl über ein neues Computergerät für Blindenschrift: das »Braille Lite«, ein Gerät, das immer nur eine einzelne Zeile des Brailletextes darstellt. Das würde HKs Schwierigkeiten beim Lesen mehrzeiliger Texte beheben.

Die Schulleitung wusste von diesem neuen Gerät, aber auch diesmal gab es kein Budget für die teure Anschaffung. Pearl setzte sich mit den Verantwortlichen zusammen und trug leidenschaftlich ihre Bitte vor, die Mittel für die Anschaffung des Geräts bereitzustellen. Trotz einer staatlichen Verordnung von 1990, die eine angemessene Ausstattung für Menschen mit Behinderungen vorschreibt, bewegten sie sich nicht. Sie bekräftigten ihre anfängliche Einschätzung von HKs begrenzten Lernfähigkeiten und zweifelten am Nutzen dieses Geräts. Doch Pearl preschte unerschrocken vor und verkündete einen Kompromiss: »Meine Bitte ist, dass er eine ›Braille Lite‹ bekommt und ein Lehrer ihm zeigt, wie er sie bedienen muss. Wenn er nach neun Wochen keine nennenswerten Fortschritte gemacht hat, geht er zurück in die berufsvorbereitende Maßnahme.«

Pearl gewann den Kampf. Mithilfe von Bill Schenk, einem weiteren außergewöhnlich engagierten Pädagogen, verbesserten sich HKs schulische Leistungen erheblich. Bill erkannte in HK, was den meisten anderen Lehrern entgangen war. Er hatte die Geduld, das rechte Herz und eine echte Leidenschaft zu lehren. Unzählige Stunden lang setzte er sich vor, während und nach der Schule mit HK zusammen und half ihm in sämtlichen Highschool-Fächern. Seine Bemühungen verliehen HK enormes Selbstvertrauen, was zu einer bemerkenswerten Wende in seinen gesamten schulischen Leistungen führte. Zu Beginn des Schuljahres 2006/2007 hatte HK mit 16 Jahren alle erforderlichen Voraussetzungen für die siebte Klasse erfüllt.

13

BRENDAS ÜBERRASCHUNG

Pearls Vertrauen in mich wuchs mit jedem erfolgreichen Ausflug, den HK und ich ohne ihre wachsame Beobachtung unternahmen. Unbemerkt waren seit unserer ersten Begegnung bei *Mrs Winner's* zwölf Monate vergangen. Wir hatten gesamt Williamson County und jeden Baumarkt, jede Reinigung, jeden Friseur und jeden Einzelhändler in der Gegend um Brentwood herum bereits mehrfach besucht. Wir kannten die Vornamen sämtlicher Verkäufer der Stadt. Sie alle hatten einen Narren an dem kleinen, neugierigen blinden Jungen gefressen. Unsere Freunde im Ace-Baumarkt stellten ihn nur zu gern anderen Kunden vor, ließen ihn Grassamen befühlen, verschiedene Werkzeuge halten und Geräte bedienen. Jedes Mal erklärten sie geduldig, wofür diese Maschinen da waren, und beantworteten eine Fülle an Fragen. Bis heute ist HK ihr geschätztester Kunde: Über ein Dutzend Fotos von ihm hängen gut sichtbar hinter der Kasse.

Nun hatten wir zwar jeden Quadratzentimeter von Brentwood erkundet, aber einen ganz besonderen Ort hatte HK bislang noch nicht gesehen: unser Haus. Das änderte sich an einem Sonntagnachmittag im Dezember 2000. Als ich ihn fragte, ob er gern mit zu uns nach Hause kommen würde, erntete ich spontan ein lautstarkes »Ja!« Ich sprach mit Pearl darüber und sie sagte: »Ich denke, das ist in Ordnung. Ich arbeite bis sieben, Sie können ihn jederzeit vorher wieder zurückbringen.« Wir waren beide begeistert von ihrer Reaktion, HK vielleicht noch ein bisschen mehr.

Wir verließen an diesem Samstag glücklich die Imbissstube und liefen Hand in Hand wie eine Zwei-Mann-Marschkapelle zu meinem Auto. Auf dem Weg in unseren Vorort erklärte ich ihm meine Strategie für unsere Überraschung: »Wenn du ganz leise bist beim Hereinkommen, huschen wir ins Haus und überraschen Brenda.« Daraufhin war er still wie eine Kirchenmaus. Als wir in die Einfahrt bogen, erinnerte ich ihn erneut: »Sag nichts und mach kein Geräusch, wenn wir ins Haus gehen. Dann können wir sie überraschen!« Ich erklärte ihm meinen Plan deshalb erneut, weil ich mich an sein Geständnis erinnerte, kein Geheimnis für sich behalten zu können. Ich erklärte ihm, wie wir uns leise in die Küche schleichen konnten, wo Brenda am Morgen, als ich weggefahren war, eine vierlagige Red-Velvet-Torte gebacken hatte.

Wenige Augenblicke später lernte ich, dass Menschen mit zerebraler Kinderlähmung – und vor allem abenteuerlustige Kinder – ihre Gefühle nicht immer unter Kontrolle haben oder die Bedeutung von Stillsein nicht ganz verstehen. Als ich die Tür zum Hobbykeller öffnete, begann HK zu lachen. Und trotz meiner wiederholten Mahnung, wurde sein Kichern immer lauter.

»Wer ist da?«, rief Brenda aus der Küche und daraufhin lachte HK so heftig, dass er kaum mehr Luft bekam. Sein Gesicht lief kirschrot an und er konnte nicht mehr laufen, nicht einmal mit meiner Hilfe. Später erfuhr ich, dass große Aufregung auf seine Muskeln stimulierend wirkt und sein Oberkörper sich dadurch fast bis auf Kniehöhe beugt. Er schien im Stehen fast die Position eines Fötus einzunehmen und kicherte dabei gleichzeitig unaufhörlich. Nur mit Mühe konnte ich ihn davon abhalten, vornüberzukippen.

Wir hörten Schritte im Flur, die erneutes Gelächter hervorriefen. Plötzlich erschien Brenda an der Tür und fragte:»Wen haben wir denn da?«

»Brenda, das ist mein guter Freund HK Derryberry«, verkündete ich stolz.

»Hallo HK«, sagte sie.

Er kam wieder zu Atem, bemühte sich, so aufrecht wie möglich zu stehen, holte langsam Luft und sagte mit leiser, fast nicht wiedererkennbar piepsiger Stimme:»Wie heißt du?«

»Brenda – und ich habe schon viel von dir gehört.«

»Wer hat dir denn von mir erzählt?«

»Mr Bradford.«

»Brenda, wann bist du heute Morgen aufgestanden?«

An diesem Punkt unterbrach ich ihn und erklärte:»HK, bitte erspar Brenda die nächste Runde. Sie möchte mehr über dich erfahren und hat nicht viel Zeit, weil sie gerade eine Torte backt.« Ich sah ihr liebevolles Lächeln und konnte mich des Gefühls nicht erwehren, dass die beiden dabei waren, sich anzufreunden.

Als Brenda ihn nach seinem Lieblingsessen fragte, informierte er sie darüber, dass er jedes Essen möge – abgesehen von Brokkoli. Wie der Zufall es wollte, war genau jenes grüne Gemüse aber ein Hauptbestandteil des heutigen ausgewogenen Abendessens. Trotz seiner Auskunft schnitt sie mehrere gedünstete Brokkoliröschen in mundgerechte Häppchen und legte sie ihm auf den Teller. Eine Auswahl anderer gedünsteter Gemüsesorten, gebackenes Huhn und selbst gebackenes Maisbrot vervollständigten die erste Mahlzeit in unserem Haus.

Als HK die Brokkolistückchen entdeckte, zeigte sich, dass er entweder a) großen Hunger hatte, b) noch nie Brokkoli probiert hatte, der auf diese Weise zubereitet war, oder c) sich bei seinem ersten Besuch Brenda gegenüber außerordentlich höflich verhielt. Wir waren erstaunt zu sehen, dass er jeden Bissen Brokkoli verschlang – zusammen mit allem anderen.

»HK, möchtest du noch Brokkoli?«, fragte Brenda.

»Ja, Brenda. Ich wusste gar nicht, dass ich Brokkoli mag. Der ist wirklich lecker«, antwortete er mit vollem Mund.

Er liebte die saftigen grünen Röschen wie andere Kinder Schokolade. Wenn der Verband amerikanischer Brokkoli-Farmer gesehen hätte, wie dieser kleine Kerl ihr Erzeugnis verspeiste, hätte er ihn zum landesweiten Sprecher oder Aushängeschild gekürt – wenn es denn so etwas gäbe!

Bei einem anderen Abendessen bei uns zu Hause stellte Brenda einen großen Kanister Schokoladenmilch auf den Tisch, den sie extra für HK gekauft hatte. Ich bestellte ihm bei *Mrs Winner's* immer Eistee, aber wir dachten, Schokoladenmilch sei die gesündere Alternative. Während sie ihm die kalte Milch in seinen Plastikbecher mit Deckel und Strohhalm goss, sagte sie: »HK, ich wette, du magst Schokoladenmilch.«

»Schokoladenmilch trinke ich nicht.«

»Ich dachte, alle Jungs mögen Schokoladenmilch.«

»Ich mag sie ja auch total gern. Ich trinke sie nur nicht, weil Grammy sagt, sie ist zu teuer und wir können sie uns nicht leisten.«

Brenda sah mich an, schüttelte langsam den Kopf und goss ihm wortlos bis obenhin Schokoladenmilch ein. Als sie den vollen Becher vor ihn stellte, strich er sofort mit der linken Hand suchend über den Tisch, bis er ihn fand. Vorsichtig griff er nach dem Becher, erreichte mit den Lippen den Strohhalm und trank die Schokoladenmilch bis zum letzten Tropfen leer, ohne auch nur einmal den Strohhalm abzusetzen oder Luft zu holen. Es klang, wie wenn Wasser durch den Abfluss fließt. Zum krönenden Abschluss sog er ein letztes Mal am Strohhalm und machte noch mehr Lärm.

Von diesem Moment an war Schokoladenmilch HKs Lieblingsgetränk. Wir sorgten dafür, dass wir bei seinen Besuchen immer einen großen Plastikbehälter davon vorrätig hatten, und wenn HK wieder fuhr, war er fast immer leer. Unsere Freude daran, wie er eine so kleine Geste genoss, war nicht mit Geld aufzuwiegen. Zudem würden seine wachsenden Knochen von der zusätzlichen Kalziumzufuhr profitieren.

14

KEIN BAUM, KEIN LICHT, KEIN WEIHNACHTSMANN

Während und nach unserem ersten gemeinsamen Abendessen bombardierte HK Brenda mit einer Frage nach der anderen. Was hatte sie den ganzen Tag gemacht? Warum ging sie nicht arbeiten wie seine Oma? Was hatte sie morgen vor? Warum hatte sie ihn noch nie in der Imbissstube besucht? Sie stellte sich höflich seinem Kreuzverhör, erzählte Familienanekdoten, schilderte, wo wir überall gewohnt hatten und wo sie aufgewachsen war, und zählte auf, wo wir als Familie schon unseren Urlaub verbracht hatten.

Das Thema Familienurlaube stieß bei unserem Abendgast auf besonderes Interesse. Traurig erzählte er, dass er noch nie im Urlaub gewesen sei.

»Ich hoffe, dass ich irgendwann mal nach Florida fahren kann. Ich möchte am Strand spazieren gehen und im Meer baden. Das soll großen Spaß machen.«

»HK, ich wette, dass du irgendwann nach Florida fährst«, antwortete Brenda, noch ohne zu ahnen, dass sie ihm diesen Traum ein paar Jahre später erfüllen würde.

Wir drei genossen unser Gespräch nach dem Essen so sehr, dass wir völlig die Uhrzeit aus dem Blick verloren. In einer kurzen

Stille bei unserem Tischgespräch drückte HK den Knopf seiner sprechenden Armbanduhr: »Es ist 18.55 Uhr«, verkündete die Uhr. Ich wurde hellwach: Pearls Schicht endete in fünf Minuten und ich sollte den Jungen vor ihrem Feierabend zurückbringen! Ich rief sofort bei ihr an. Bei seinem ersten Besuch bei uns wollte ich nicht gleich Missstimmung wecken und sagte ihr, wir hätten so viel Spaß zusammen, dass ich hoffte, er dürfe noch ein wenig länger bleiben. Als ich anbot, ihn anschließend nach Hause zu fahren, war Pearl einverstanden.

Nachdem Brenda die Küche aufgeräumt hatte, setzten wir uns ins Wohnzimmer. HK setzte sich neben Brenda aufs Sofa, nahm ihre Hand und die beiden unterhielten sich weitere zwei Stunden. Bevor ich ihn nach Hause fuhr, umarmte HK Brenda fest und sagte: »Brenda, vielen Dank, dass ich mit dir und Mr Bradford zu Abend essen durfte. Du bist die weltbeste Köchin und dein Brokkoli ist richtig lecker. Ich hab dich lieb!«

»HK, ich hab dich auch lieb«, sagte sie mit einer Stimme, die verriet, dass sie einen beträchtlichen Kloß im Hals hatte.

Als wir das Haus verließen, bemerkte ich in den Augen meiner Frau ein vertrautes Funkeln: Still und heimlich hatte der kleine Taschendieb erneut zugeschlagen und ein weiteres ahnungsloses Herz gestohlen. Von nun an würde unser Leben nie wieder so sein wie vorher.

Für einen Sonntagabend war auf dem Highway viel los, was zweifellos daran lag, dass jetzt im Dezember viele Weihnachtsfeiern stattfanden. Pearl hatte mir eine genaue Wegbeschreibung genannt, aber ich hatte immer Respekt davor, abends zu fahren, vor allem wenn es in eine Ecke von Nashville ging, die ich nicht kannte. HK konnte ich bei der Suche nicht einspannen, also war ich auf mich allein gestellt.

Als wir den Ostteil der Stadt erreichten, in dem sie wohnten, fielen mir etliche Autos auf, die ihre besten Tage lange hinter sich hatten und Stoßstange an Stoßstange am Straßenrand parkten. Überall lungerten Leute auf der Straße herum und saßen vor den Häusern der James-A.-Cayce-Siedlung, Nashvilles größtem Sozialbaugebiet. Die einzige sichtbare Wärme strahlten die funkelnden Lichterketten aus, die an den meisten Wohnungen hingen.

Ich umklammerte mein Lenkrad fester und beschleunigte ein wenig. Wir überquerten sieben Kreuzungen in Richtung Osten und sechs weitere gen Süden. Schließlich erreichten wir die Electric Avenue, eine Straße, die von kleineren Holzhäusern im Stil der 50er-Jahre gesäumt war. Ich hielt vor dem einzigen weißen Haus ohne jeden Weihnachtsschmuck – nur die Veranda war hell erleuchtet. Als ich nach der Hausnummer suchte, sah ich auch nirgendwo Vorhänge. Im hellen Schein der Innenlampen konnte ich nur Kartons erkennen, die hoch bis zur Decke gestapelt waren.

»HK, euer Weihnachtsschmuck hängt ja noch gar nicht. Wann dekoriert Grammy denn normalerweise?«

»Wir haben keinen richtigen Weihnachtsschmuck. Grammy sagt, das ist zu teuer und zu viel Arbeit.«

»Habt ihr nicht mal einen Weihnachtsbaum?«

»Nein, einen Baum haben wir auch nie.«

»Und was ist mit dem Weihnachtsmann? Kommt der zu Weihnachten?«

»Nein, auch nicht.«

Wir stiegen aus dem Auto und liefen die Stufen hinauf, wo Pearl schon geduldig wartete. Sofort begann HK ihr alles über den Abend und Brendas tolles Essen zu erzählen. Ich bedankte mich unbeholfen für ihr Verständnis, dass der Besuch länger gedauert hatte als erwartet. Aber die ganze Zeit sah ich hinter ihr durch die Haustür ins Wohnzimmer, in dem noch mehr Kisten standen, wo aber keinerlei Möbel oder Hinweise auf Weihnachten zu sehen waren. Ich war betrübt, als mir die traurige Realität bewusst wurde. Auf der Rückfahrt nach Brentwood konnte ich an nichts anderes denken.

Wenn es nach Brenda ginge, wäre Weihnachten im Hause Bradford ein ganzjähriges Ereignis. Aber so begnügte sie sich mit dem Dezember. Am Tag nach Thanksgiving Ende November beginnt sie mit der Planung und Organisation unserer umfangreichen Dekoration. Die Sammlung ist im Laufe der Jahre beträchtlich gewachsen. Typischerweise dauert es eine ganze Woche mit stundenlanger Weihnachtsmusik, bis die erwünschte festliche Verwandlung vollendet ist.

Meine Hauptaufgabe besteht jedes Jahr darin, unseren knapp drei Meter hohen Weihnachtsbaum im Wohnzimmer aufzustellen. Auch die Kränze an den Außentüren und die Lichterketten an der Fassade aufzuhängen, fällt in meinen Verantwortungsbereich. Am Ende trägt die Frucht unserer gemeinsamen Bemühungen mehr zur Weihnachtsstimmung bei als noch so viel Schnee.

An jenem Samstagabend konnte ich es kaum erwarten, Brenda meine Neuigkeiten zu überbringen: »Du glaubst nicht, was ich erfahren habe, als wir vor ihrer Haustür standen!«, legte ich los. »Nicht nur, dass sie keinen Baum und gar keinen Weihnachtsschmuck haben. HK hat mir auch erzählt, dass sie Weihnachten überhaupt nicht feiern und sich nichts schenken!«

»Das kann nicht dein Ernst sein!«, erwiderte sie. »Klang er traurig oder enttäuscht darüber, dass sie kein Weihnachten feiern?«

»Nein, er hat es mir ganz sachlich erzählt. Er sagte, Grammy habe weder Zeit noch Geld für solche Dinge jedes Jahr.«

Ihre abschließenden Worte zu diesem Thema waren kurz und knapp: »Dann kümmern wir uns darum.«

Am Sonntagnachmittag schritt Brenda zur Tat und scheuchte mich durch die ganze Stadt, ausgestattet mit genauen Listen an Weihnachtsutensilien, die ich mit nach Hause bringen sollte. Dem Empfängerkreis unserer handverlesenen und -verpackten Geschenke fügte sie zwei weitere besondere Freunde hinzu. Sie schmückte einen kleinen Weihnachtsbaum für HK, der zu dem in unserem Wohnzimmer passte, und legte Geschenke darunter. Ein paar Tage vor Weihnachten luden wir Pearl und HK zu einer Weihnachtsfeier mit Essen, Gemeinschaft und Geschenken für sie beide ein.

15

»MIT DATEN KENNE ICH MICH EINFACH AUS«

HK und ich legten die sechseinhalb Kilometer lange Fahrt von *Mrs Winner's* zu unserem Haus am Harpeth River Drive fast jedes Wochenende zurück. Brenda und ich freuten uns immer auf die pure Lebenslust, die er mitbrachte. Wir stellten fest, dass sein Wissensdurst nie abnahm und sein helles Köpfchen nur dann nicht auf Hochtouren lief, wenn er schlief.

»Brenda, wie lange wohnst du schon in diesem Haus? Mr Bradford, woher kommt dieses Ding? Was ist das? Wofür kann man es benutzen?«

Bei einem Besuch stellte er eine Frage, die uns beide überraschte: »Brenda, darf ich mich einmal im Haus umsehen?« Wir warfen uns einen Blick zu und fragten uns, was »sich umsehen« für einen blinden zehnjährigen Jungen wohl bedeuten mochte.

Brenda erwiderte zögerlich: »Sicher, HK, wenn du vorsichtig bist und dir von Mr Bradford helfen lässt.«

»Brenda, du weißt doch, dass ich immer vorsichtig bin.«

Offenbar meinte er mit »sich umsehen«, langsam und systematisch durch jedes Zimmer im Haus zu gehen und jedes Möbelstück und jeden Gegenstand auf Tischen, Betten und dem Boden zu befühlen. Er strich vorsichtig über jedes Objekt und stellte genaue Fragen dazu. Wenn er einen Gegenstand hochhob, stellte er ihn behutsam an seinen ursprünglichen Ort zurück, bevor er mit seiner linken Hand langsam nach dem nächsten suchte.

Sein Rundgang begann im Wohnzimmer, wo er sich langsam vorarbeitete, bis er zufrieden alles begutachtet hatte. Dann ging er mit kurzen, abgestimmten Schritten in den nächsten Raum wie ein kleiner Roboter. Wenn er den Türrahmen zum nächsten Zimmer erreichte, fragte er: »Wessen Zimmer ist das?«

»Das ist das Zimmer unserer Tochter Julie.«

»Ich dachte, Julie wohnt nicht mehr hier.«

»Das stimmt. Es gehört ihr trotzdem noch, wenn sie mal zu Besuch nach Hause kommt.«

Wie zuvor nutzte er Wände und große Möbelstücke, um sich zu orientieren und vorsichtig einmal durch das Zimmer zu humpeln. Er berührte jeden Gegenstand, als wäre er eine zerbrechliche Figur, die ohne besondere Sorgfalt leicht kaputtgehen könnte.

Als er überzeugt war, Julies Zimmer nun ausreichend zu kennen, suchte er den Rückweg zur Tür. Er wandte sich nach links und lief den Flur entlang zum nächsten Zimmer. Dieser systematische Rundgang dauerte über eine Stunde, bis er jeden Quadratzentimeter des Hauses erforscht hatte. Seltsamerweise wiederholte er diese Routine bei seinen nächsten fünf Besuchen. Danach hat er nie wieder darum gebeten, »sich umsehen« zu dürfen.

Seitdem Brenda ebenfalls von HK hingerissen war und sich auf die Zeiten mit ihm freute, kam er nun an den meisten Samstagen und Sonntagen nachmittags zu Besuch. Etwa 13 Monate nach meiner ersten Tasse Seniorenkaffee schlugen wir ein neues spannendes Kapitel in unserer wachsenden Freundschaft auf. Anders als bisher lernte HK in diesem neuen Kapitel nun auch andere Erwachsene und Kinder seines Alters kennen: Mit Pearls Segen begleitete uns HK nun zum Gottesdienst.

Wir waren als Familie seit über 23 Jahren aktive Mitglieder der *Harpeth Hills Church of Christ*. Brenda und ich waren überzeugt, dass es ihm gleich in mehrfacher Hinsicht guttäte, wenn er mit zum Gottesdienst käme: Er könnte sich jeden Sonntag auf eine besondere Veranstaltung freuen statt auf seinen üblichen achtstündigen Gewahrsam in der Imbissstube. Pearl wäre ein wenig von der Last befreit, ihn mit zur Arbeit nehmen zu müssen, und wir freuten uns über einen jungen Menschen, der uns in die Gemeinde begleitete, was wir ohnehin vermisst hatten, seit unsere Töchter ausgezogen waren. Alle profitierten und für HK war es eine besondere Erfahrung.

Als wir an diesem ersten Sonntagmorgen gemeinsam mit ihm den Gottesdienstsaal betraten, fühlten Brenda und ich uns wie Aliens aus dem Weltraum. Alle Köpfe drehten sich nach uns um und wir und unser humpelnder junger Gast ernteten lange Blicke. Einige, die wussten, dass wir noch keine Enkel hatten, sahen so verblüfft aus, dass beinahe die Fragezeichen in ihren Augen zu sehen waren. Andere gafften einfach, weil sein schwankender Gang ein solches Spektakel war.

Unser junger Erstbesucher lauschte jedem Wort, das während dieses Gottesdienstes gesprochen wurde, saugte die ungewohnten Geräusche auf und stellte sich die merkwürdigen Ereignisse um sich herum vor: die Lieder, die Predigt und die fremden Stimmen. Er war der perfekte Gentleman und hielt die meiste Zeit meine Hand, was er bis heute gerne tut.

In einer der letzten Bekanntmachungen gegen Ende des Gottesdienstes wurde die Gemeinde darüber informiert, dass am darauffolgenden Sonntag nach dem Gottesdienst ein Weihnachtsbrunch für Erwachsene stattfand. Es wurde gesagt, dass die Kinder in ihren regulären Kindergottesdienstgruppen blieben, während die Erwachsenen sich zum Festtagsbrunch träfen.

Als HK diese Neuigkeit hörte, drehte er sofort seinen Kopf nach rechts, sodass sein gesundes Ohr nach vorne gerichtet war. Er wollte kein Detail verpassen.

Als wir später vom Parkplatz fuhren, platzte HK damit heraus, was ihm auf dem Herzen lag: »Brenda, dürfen Kinder nächste Woche auch an dem Brunch teilnehmen?«, fragte er. Sie sah mich zwinkernd und mit einem Grinsen an und sagte: »Ich glaube schon, HK. Brunchst du gern?«

»Ja, Brenda, ich liiiiebe Brunchs!«

»Das ist schön. Du kannst gern mit uns zum Brunch kommen.«

»Danke, Brenda! Ich liiiiebe Brunchs!«

Den restlichen Tag lang redete er über nichts anderes. Bei seinem Besuch am darauffolgenden Samstag sagte er immer wieder, wie sehr er sich auf den Weihnachtsbrunch in der Gemeinde freute. Er konnte einfach nicht aufhören, davon zu reden, obwohl er sich redlich bemühte. Ich glaube, er gestand Brenda mehr als zehnmal, wie sehr er sich freue, den Gemeindebrunch besuchen zu dürfen.

»Brenda, danke, dass ich morgen mit zum Brunch kommen darf. Du weißt ja, dass ich Brunchs liiiiebe.«

»Sehr gern, HK. Ich freue mich auch, dass du mitkommen kannst. Mr Bradford holt dich morgens im Imbiss ab und dann genießen wir gemeinsam den Brunch und ...«

»Brenda, Brenda!«

»Ja?«

»Brenda – was ist eigentlich ein Brunch?«

Wir sahen uns an und brachen gleichzeitig in Gelächter aus. Er stimmte ebenfalls ein, obwohl er keine Ahnung hatte, was so lustig daran war. Seit diesem Erlebnis haben wir noch viele ungeahnte und ungewollt komische Bemerkungen aus dem Mund unseres abgeschottet aufgewachsenen jungen Freundes gehört. Mit ihm haben wir immer einen Grund zu lachen.

Als Mutter von zwei erwachsenen Töchtern hat Brenda ein intuitives Bauchgefühl im Umgang mit Kindern entwickelt. Nachdem HK ein paar Monate mit uns den Gottesdienst und den anschließenden Bibelgesprächskreis besucht hatte, kam ihr eine fantastische Idee: »Ich glaube, es wäre gut für ihn, wenn er mit den anderen Kindern zum Kindergottesdienst ginge, statt mit uns Erwachsenen zum Bibelgesprächskreis.« Wir fanden, er sollte in der Gruppe für Drittklässler starten, und sprachen eine enge Freundin und tolle Kindergottesdienstmitarbeiterin an. Wir fragten sie, ob HK zu ihrer Gruppe für Drittklässler dazustoßen dürfe. »Ja, das fände ich klasse«, antwortete sie.

Es klang nach einer klugen Entscheidung, aber unser Freund belehrte uns bald eines Besseren: HKs begrenzte soziale und kommunikative Fähigkeiten reichten trotz Blindenschule noch nicht für Drittklässler. Uns war nicht klar gewesen, dass er in der Schule noch gar nicht auf dem Stand der dritten Klasse war, auch wenn er im selben Alter war wie die anderen aus dieser Gruppe.

Die Mitarbeiterin merkte schnell, dass er in dieser Kindergottesdienstgruppe noch nicht zurechtkam. Die anderen Kinder konnten sich so wenig auf ihn einstellen wie er sich auf die dritte Klasse. Alle anderen Kinder waren schon ihr Leben lang in der Gemeinde und kannten Bibelgeschichten und christliche Lieder und die meisten auch schon Bibelverse auswendig. Es fiel ihnen schwer, auf HK einzugehen. Wie die meisten anderen Kinder auch, starrten sie ihn oft einfach nur an.

Nach zwei Wochen redlichen Bemühens teilte unsere Freundin uns ihre Beobachtungen und Bedenken mit. Sie machte uns dennoch Hoffnung und sagte zuversichtlich: »Keine Sorge, das kriegen wir schon hin. Wir müssen nur die richtige Gruppe für ihn finden.« In der darauffolgenden Woche sprach sie mit den anderen Kindergottesdienstmitarbeitern im Grundschulbereich. Sie glaubten, er sei in der Gruppe für Erstklässler am besten aufgehoben.

Bingo! Mit seinen zehn Jahren war HK vier oder fünf Jahre älter, aber körperlich immer noch kleiner als die meisten anderen Kinder seiner neuen Gruppe. Anders als den Drittklässlern schienen diesen jüngeren Kindern seine Behinderungen gar nicht aufzufallen. Sie fanden ihn ziemlich cool, weil er Brailleschrift mit den Fingern lesen konnte und lange weiße Plastikschienen an den Beinen trug. HK spürte, dass er ein bisschen mehr wusste als die jüngeren Kinder, war begeistert über sein neues Umfeld und fand schnell Freunde. Seine einzigartige Persönlichkeit begann sich zu entfalten wie eine Rose im Frühling.

Ein Jahr verging und wir hatten kaum einmal einen Gottesdienst ohne HK besucht. Als ich an einem Sonntagmorgen langsam mit ihm durch die Eingangshalle zum Gottesdienstsaal lief, hörten wir, wie sich zwei Männer locker unterhielten. Einer sagte zum anderen: »Das Treffen findet am Donnerstag, den 12. März statt.« Wie aus heiterem Himmel blieb HK stehen – so abrupt, dass er uns beide fast zu Fall gebracht hätte. Er drehte den Kopf zur Stimme des Mannes und sagte: »Mister, der 12. März ist ein Dienstag.« Der Mann hatte den überraschenden Kommentar nicht ganz verstanden und diesen Jungen nie zuvor gesehen. Er fragte: »Wie bitte?«

»Der 12. März ist ein Dienstag, kein Donnerstag«, erwiderte HK. »Der Donnerstag ist der 14.«

»Bist du sicher?«

»Ganz sicher.«

Der Mann war skeptisch. Konnte er sich so geirrt haben? Er holte seinen Terminplaner heraus, scrollte nach unten, bis er den 12. März fand, und rief aus: »Du hast völlig recht! Das ist ein Dienstag. Woher wusstest du das?«

»Ich weiß nicht, woher ich das wusste. Mit Daten kenne ich mich einfach aus.«

»Das ist ein ziemlich guter Trick.«

Die beiden Männer lächelten und schüttelten erstaunt den Kopf. Ohne ein Wort zu sagen, nahm HK meine Hand und ließ mich wissen, dass er bereit sei, unseren Gang fortzusetzen. Als wir an jenem Morgen die Gemeinde verließen, fragte ich ihn: »Woher wusstest du, dass der 12. März ein Dienstag ist?«

»Ich weiß nicht, woher ich das wusste. Grammy sagt, dass ich eine besondere Gabe habe.«

»Von dieser besonderen Gabe hast du mir noch nie erzählt.«

»Du hast mich auch nie danach gefragt.«

16

»BLEIBST DU NOCH HIER, BIS ICH GEBETET HABE?«

Nicht lange danach hatte Brenda noch eine gute Idee: »Ich finde, HK sollte samstagabends einfach bei uns übernachten.« Sie führte gute Gründe an, ähnlich denen, die wir Pearl genannt hatten, als es darum ging, ob HK mit uns zum Gottesdienst gehen dürfte: Wenn HK samstags bei uns übernachtete, könnte Pearl sich endlich einmal ausruhen, ich könnte HK für den Gottesdienst einkleiden und er könnte eine Stunde länger schlafen. Außerdem bliebe mir samstags die Fahrt spätabends in die Electric Avenue erspart. Brenda erinnerte mich zudem daran, dass wir drei schöne Schlafzimmer hatten, die nur selten genutzt wurden. Bei ihrem Schlussplädoyer dämmerte mir, dass sie, die mich noch vor ein paar Monaten davor gewarnt hatte, mein Herz zu sehr an diesen besonderen kleinen Jungen zu hängen, seine Gesellschaft nun ebenso genoss wie ich. Vielleicht sogar noch mehr.

Am darauffolgenden Sonntagabend stand ich vor Pearls Haustür und erzählte ihr von Brendas Idee. Ich sprach leise, weil ich nicht wollte, dass HK mithören konnte, für den Fall, dass sie Nein sagte. Aber da schaltete er sich von drinnen schon ein:

»Grammy, ich würde gern samstags bei Mr Bradford und Brenda übernachten!«

»Na gut, in Ordnung. Ich werde dich aber vermissen. Es wird still und einsam sein in diesem Haus«, erklärte sie.

»Grammy, ich bin ja immer nur eine Nacht weg. Du wirst mich gar nicht vermissen und mir wird es gut gehen. Dann kannst du dich ein wenig ausruhen. Ich hab dich lieb, Grammy!«

Und damit war die Sache besiegelt. Pearl übergab ihn uns zusammen mit den Kontaktdaten seines Arztes und konkreten Anweisungen für den Fall, dass er einen Anfall haben würde. Sein letzter war schon drei Jahre her – damals war er sieben Jahre alt gewesen. Wir besorgten ein Atemgerät für unser Haus und hielten einen Vorrat seiner täglichen Medikamente bereit.

Sein erster Übernachtungsbesuch war für uns alle eine besondere Erfahrung. Soweit ich weiß, hatten Pearl und er nie regelmäßig einen Gottesdienst besucht, aber ich freute mich zu hören, dass zu seiner abendlichen Routine ein Nachtgebet vor dem Schlafengehen gehörte. Das erste Mal, als ich ihn zu Bett brachte, fragte er: »Mr Bradford, bleibst du noch hier, bis ich gebetet habe?« Er begann jedes Mal mit denselben Worten. Erst betete er für seinen Vater und bat Gott ihn »frei zu machen«, einen Begriff, den er vermutlich bei einem der feurigen Radioprediger gehört hatte. Dann bat er Gott leise, seinen Opa »frei zu machen« und danach folgte eine lange Gebetsliste, die immer Grammy, Brenda und mich umfasste – und etliche andere Leute, von denen er gehört hatte, dass sie krank waren oder Sorgen hatten. Seine Namensliste war oft so lang, dass er einschlief, während er die Worte sprach. Aber ich bin sicher, dass Gott jeden einzelnen Namen hörte.

Seit mittlerweile 16 Jahren, seit jener ersten Nacht, gehört zu meiner Wochenendroutine, HK am Samstagmorgen abzuholen und ihn am Sonntagabend um halb elf gewaschen und in frischen Kleidern zurückzubringen. Übernachtungsgäste jeden Alters sind ein wenig ungewohnt am Anfang, vor allem wenn jemand besondere Bedürfnisse hat. Glücklicherweise war HK ein unkompliziertes Kind und die neuen Abläufe am Wochenende bereiteten kaum Mühe. Er beschäftigte sich gern, indem er Musik hörte oder jedes verfügbare Sportereignis verfolgte. Seine Lieblingsbeschäftigung war, mit mir und Brenda oder mit Freunden, die gelegentlich vorbeikamen, Domino oder Karten zu spielen.

Bridgets Zimmer verwandelte sich langsam in HKs Wochenendquartier. Ein eigenes Zimmer besaß er in ihrem Haus in East Nashville nie. Er teilte sich ein Schlafzimmer mit Pearl und schlief in einem kleinen Kinderbett und hatte praktisch keinen eigenen Schrank oder eine Aufbewahrungsmöglichkeit.

Seine Körperpflege erledigte er zu Hause offenbar nur mit Waschlappen, Seife und Waschbecken. Als er jünger war, reichte das völlig aus, aber nun erhöhte sich sein hygienischer Anspruch um eine Badewanne und jede Menge heißes Wasser. Die Badezeit schloss sich am Samstag an das Abendessen bei uns zu Hause an. Er war der enthusiastischste Badewannennutzer, den ich je kennengelernt habe. Das Wasser spritzte in alle Richtungen, vor allem wenn wir Badewannenbasketball spielten. Ich breitete immer zusätzliche Badehandtücher aus, damit der Boden nicht überflutet wurde. Brenda machte die zusätzliche Waschladung nichts aus. Sie freute sich über den fröhlichen Aufruhr drüben auf der anderen Hausseite und über das blitzsaubere Ergebnis.

Ich hatte HK das ganze Jahr lang in seinen Shorts, T-Shirts, Tennissocken und Schuhen gesehen, aber nun war es an der Zeit für eine Veränderung. Wenn ich eins bei meiner Karriere in der Textilindustrie gelernt habe, dann das: Qualitativ hochwertige, gut sitzende Kleidung bedeutet für fast jeden eine große optische Veränderung. Ein positiver erster Eindruck, gesundes Selbstvertrauen und eine harmonische Ausstrahlung sind nur einige der greifbareren Vorzüge einer angemessenen Garderobe für denjenigen, der genug Selbstachtung für ein gepflegtes Äußeres besitzt. Bei HK ging es mehr darum, wie andere Jungen in seinem Alter auszusehen.

Brenda und ich sprachen über HK und mögliche Stile und beschlossen, dass er Kleidung brauchte, die für einen Jungen seines Alters angemessen war. Also zogen wir los und kauften Poloshirts, Kakihosen, Jungenschuhe sowohl zum Schnüren als auch mit Klettverschluss und Accessoires wie Gürtel, Socken und Unterwäsche. Als er älter wurde, investierte ich auch in formellere Kleidung wie ein Sportsakko, Anzughemden und -hosen, Schuhe, Krawatten und sogar einen Smoking für die zahlreichen Hochzeitseinladungen, die bei uns mit der Post für ihn eintrudelten.

Qualitativ hochwertige Kleidung zu finden, war leicht; sie auf HKs deformierten Körper zuschneidern zu lassen, stellte sich schon als schwieriger und ein wenig kostspielig heraus. Durch den Schlaganfall nach seiner Geburt war der verkümmerte rechte Arm erheblich kürzer als sein linker und sein rechtes Bein kürzer als sein linkes. Sein rechter Fuß hatte Schuhgröße 35, sein linker Schuhgröße 37. Glücklicherweise kannte ich einen hervorragenden Schneider, der jedes Kleidungsstück professionell umarbeitete, sodass es perfekt passte. Schuhe dagegen waren ein noch schwierigeres und teureres Problem. Genau wie Pearl musste ich zwei Paar Schuhe desselben Modells in verschiedenen Größen kaufen. Für den rechten Schuh brauchte er eine Einlage, um das kürzere rechte Bein auszugleichen.

Ihn schließlich in gut sitzender Kleidung vor mir zu sehen, war jedoch alle Mühe wert. Nun sah er wie jeder andere ordentlich gekleidete Junge aus. Modern gekleidet zu sein und gut auszusehen, verschaffte ihm das nötige Selbstvertrauen und war eine wichtige seelische Unterstützung, um seine lebenslange Isolation zu überwinden.

17

»KEINE SORGE, MR BRADFORD IST EIN GUTER FAHRER«

Brenda und ich genossen die Wochenenden mit HK, aber in manchem beeinträchtigte unser kleiner Besucher auch unsere Vorhaben und zudem begrenzten wir unsere Ausflüge mit Freunden, die wir jahrelang unternommen hatten. Wir nahmen ihn zu vielen Unternehmungen mit, aber hin und wieder wollten wir auch gern allein etwas mit Freunden unternehmen. Deshalb hatten wir die Freitagabende für »Erwachsenenveranstaltungen« reserviert. Brenda erklärte HK, dass Kinder bei diesen Terminen nicht dabei waren. Das war ein ganz neuer Gedanke für HK und später sagte er zu Brenda: »Von Erwachsenenveranstaltungen habe ich noch nie etwas gehört, bevor ich euch kennengelernt habe.«

Sonntags nach dem Gottesdienst traf sich unser Freundeskreis meist gemütlich zum Essen. An einem Sonntagabend trafen wir uns bei *Back Yard Burgers*, einem Fast-Food-Restaurant, das einen Drive-in, aber auch Sitzgelegenheiten hatte. Man gab seine Bestellung an einem Fenster auf und als unsere große Gruppe eintraf, zog sich die Schlange den ganzen Gehweg entlang. Aber es ging fix voran und schon bald waren wir an der Reihe. Bevor wir ein Wort sagen konnten, sah der junge Kassierer aus dem Fenster und sagte: »Ach, hallo HK.«

»Hi, wie heißt du?«, fragte HK.

»Stacy.«

»Bist du der Stacy, der mit meiner Grammy bei *Mrs Winner's* gearbeitet hat?«

»Genau der bin ich.«

Mit der größten Ernsthaftigkeit, die diese kleine Gestalt aufbringen konnte, und mit der Unschuld eines Kindes, allerdings auch in einer Lautstärke, die über den gesamten Parkplatz schallte, platzte HK heraus: »Bist du der Stacy, der gefeuert wurde, weil er bei der Arbeit Marihuana geraucht hat?«

Peinlich berührt, aber aufrichtig erwiderte er: »Ja, HK, der Stacy bin ich.«

»Es tut mir leid, dass du gefeuert wurdest. Ich hoffe, du hast aufgehört, Marihuana zu rauchen.«

»Danke, HK. Ich habe auf jeden Fall meine Lektion gelernt.«

Brenda und ich sahen uns an und wussten, was wir beide dachten: *Hat er das wirklich gerade gesagt?* Andere mussten sich abwenden, um ihr Lachen zu verbergen.

Am letzten Juliwochenende 2001 herrschte im Mittleren Tennessee eine sengende, schwüle Hitze. Brenda und ich wollten auf den Sonntagsgottesdienst verzichten und stattdessen wie jedes halbe Jahr ihre verwitwete Tante in Lenoir City besuchen, etwa 250 Kilometer östlich von Nashville.

Am Tag vorher machte uns die Vorstellung zu schaffen, HK einen Sonntag lang einsam im Restaurant zurückzulassen, und wir beschlossen, ihn mitzunehmen, falls Pearl einwilligen würde. Ich trug Pearl mein Anliegen vor: »Würden Sie erlauben, dass HK uns nach Lenoir City begleitet?« Sofort schaltete er sich ein: »Grammy, ich möchte gerne mitfahren, ich war noch nie in Lenoir City.« Von diesem Vorstoß aus zwei Richtungen ließ Pearl sich erweichen und sagte: »In Ordnung, aber ich werde dich vermissen und du musst gut aufpassen.«

»Grammy, du weißt genau, dass ich immer vorsichtig bin. Und du brauchst dir keine Sorgen zu machen, Mr Bradford ist ein guter Fahrer.«

Am nächsten Morgen holten wir HK in der Frühe eines langen Tages ab. Er verabschiedete sich von Pearl und sie ermahnte mich: »Bitte fahren Sie vorsichtig und passen Sie gut auf meinen Enkel auf.«

Als wir unsere dreistündige Fahrt über den Highway antraten, begann er sofort zu fragen, wo wir waren und was auf beiden Straßenseiten zu sehen war. Als Brenda eine größere Zahl an Hotels, Bürogebäuden und Flughafenlandebahnen beschrieben hatte, als sie je für möglich gehalten hätte, beschränkte sie sich auf Häuser, Scheunen, Tiere, Bäume und Autos.

Ungefähr auf halber Strecke hielten wir kurz bei *McDonald's* in Cookeville, um auf die Toilette zu gehen und Schokoladenmilch, Eistee und Kaffee zu holen. Wir waren gerade zehn Minuten wieder auf der Straße, da fragte HK: »Brenda, wo sind wir?«

»Das Highway-Schild sagt, dass wir bald Monterey erreichen.«

»Da hat Byron ›Low Tax‹ Looper den Staatssenator Tommy Burks ermordet.«

»*Wie bitte?*«

»In Monterey hat Byron ›Low Tax‹ Looper im Oktober 1998 den Staatssenator Tommy Burks ermordet.«

Wir waren beide so perplex, dass wir nichts darauf antworten konnten. Die Nachrichten von dem grausigen Mord und Loopers Verhaftung hatten sich 1998 in Tennessee und dem ganzen Land blitzartig verbreitet – aber das war nun drei Jahre her. Byron Looper hatte während seiner Anwartschaft zum Gutachter für Immobiliensteuern seinen zweiten Vornamen offiziell in *Low Tax* (zu Deutsch: *Niedrige Steuern*) geändert. 1998 bewarb er sich als mittlerweile gewählter Gutachter um das Amt des Staatssenators und forderte den amtierenden Senator Tommy Burks heraus – einen beliebten Politiker und bekannten Farmer, der das Amt seit 28 Jahren innehatte. Burks wurde während des Wahlkampfes ermordet aufgefunden und Byron *Low Tax* Looper wurde des Mordes schuldig gesprochen. HKs merkwürdiges Wissen blieb uns im Gedächtnis. Wir wunderten uns, warum er sich eine so seltsame Geschichte so genau gemerkt hatte.

Wir fuhren den langsamen Anstieg zum Cumberland Plateau hinauf, einer weiten, flachen Hochebene, die mehr als 300 Meter über dem umliegenden Land liegt. Das Plateau gilt als Grenze zwischen dem mittleren und östlichen Tennessee. Wir befanden uns 15 Kilometer westlich von Crossville und ich fuhr mit 100 km/h auf der linken Spur hinter zwei Sattelzügen her. Plötzlich kreischte Brenda: »Jimmy, stopp! Du fährst auf den Lkw auf!«

Ohne Vorwarnung machte der Lkw vor uns eine Vollbremsung. Die Hinterreifen qualmten und der zweirädrige Anhänger schaukelte hin und her. Ich trat auf die Bremse und dachte nur: *Gott, bitte lass HK nichts zustoßen!*

Ich schaffte es, knapp 30 Zentimeter hinter dem Sattelzug zum Stehen zu kommen, aber die Autos hinter uns hatten weniger Glück. Als ich mich umdrehte, um zu sehen, ob bei HK alles in Ordnung war, hörte ich Bremsen quietschen und dann das schreckliche Geräusch von Metall, das aufeinandertrifft – und konnte nichts tun. Alles schien sich wie in Zeitlupe abzuspielen, aber in Wirklichkeit wurden wir nur eine Millisekunde später heftig durchrüttelt und die Geräusche von zerberstendem Glas und schepperndem Metall explodierten hinter uns. Als das Getöse vorbei war, war unser SUV zwischen dem Auto hinter und dem Sattelschlepper vor uns eingekeilt.

Ich sah zuerst zu Brenda hinüber. Abgesehen davon, dass sie mit Eistee bekleckert war, schien es ihr gut zu gehen. Als ich mich nach hinten umdrehte, fragte ich:»HK, alles in Ordnung?« Ich wäre fast durchgedreht, als er nicht antwortete und schwer nach Luft rang, aber er lachte nur! Ich war erst entgeistert, doch dann erinnerte ich mich sofort an den Tag, als er Brenda zum ersten Mal traf und ich lernen musste, dass Menschen mit zerebraler Kinderlähmung in emotional aufgeladenen Situationen oft genau anders reagieren, als man es erwarten würde. Schließlich sagte er:»Mir geht's gut. Was ist denn passiert?«

Während Brenda ihm erklärte, dass wir einen Unfall erlebt hatten, öffnete ich HKs Tür, schnallte ihn ab, umarmte ihn und versicherte, dass wir jetzt in Sicherheit waren. Ich untersuchte ihn eingehend von Kopf bis Fuß und konnte nichts Schlimmeres als einen kleinen roten Fleck auf seiner Stirn entdecken, den er sich vermutlich zugezogen hatte, als er gegen den Vordersitz gestoßen war. Es ging ihm gut und er bekam wieder ganz normal Luft – ich dagegen nicht. Stumm dankte ich Gott, dass wir alles unbeschadet überstanden hatten.

Da es Brenda und HK gut ging, sah ich nach den Autos um uns herum. Ich half einer jungen Mutter mit zwei hysterisch schreienden Kindern, die im Honda-Minivan hinter uns angeschnallt in ihren Kindersitzen saßen. Sie war benommen, aber unverletzt, und ihre Kinder hatten einfach Angst. Ihr Wagen war beim Unfall schwer beschädigt worden und ich begleitete sie auf den grünen Mittelstreifen. Auf unserer Seite der Schnellstraße stand der Verkehr still. Die Fahrer in die andere Richtung hielten an, um zu helfen. Gepäck, Kleider und persönliche Gegenstände lagen über eine Länge von 20 bis 30 Metern am Straßenrand verstreut. Vor uns auf dem Highway lag ein kanariengelber Chevy Camaro Cabrio auf dem Dach und es waren keinerlei Geräusche darunter zu hören. Später erfuhren wir, dass der Fahrer die Kontrolle über sein Auto verloren hatte, über den Mittelstreifen gedonnert und nur zwei Wagen vor uns in einen voll beladenen Sattelzug gekracht war. Zwei Menschen starben bei diesem Unfall. In der Befürchtung, dass von einem Unfall dieser Größenordnung in den Nachrichten zu hören sein würde, rief ich Pearl an, um ihr Bescheid zu sagen. HK und ich versicherten, dass es ihm gut ging.

Im ganzen Straßenchaos erschienen nach und nach Rettungstrupps und die Highway-Polizei. Eine unversehrte Unfallbeteiligte war ehemalige Polizistin. Auch ohne Uniform begann sie innerhalb weniger Minuten, ihre fachlichen Fähigkeiten einzusetzen, leistete erste Hilfe und dirigierte Leute zurück in ihre Autos, wo sie außer Gefahr waren. Sogar als sie sich als Polizistin ausgab, musste sie sich gegenüber einigen besonders sturen Unfallopfern energisch behaupten.

Sie erreichte unser Auto, während ich draußen stand und überprüfte, ob mit HK alles in Ordnung war. Ich erklärte ihr meine Sorge und dass mein junger Freund blind war, Kinderlähmung hatte und offenbar einen Schlag gegen den Kopf bekommen hatte, was an einem kleinen roten Fleck auf seiner Stirn zu erkennen war.

»Hallo junger Mann«, sagte sie munter. »Ich heiße Nancy und bin Polizistin in Scranton in Pennsylvania. Lass mich kurz einmal nachsehen.«

»Hallo Nancy. Ich bin HK. Wann hast du Geburtstag?«

Sie nannte ihm das Datum und er erwiderte sofort, dass ihr nächster Geburtstag auf einen Freitag fallen werde. »Wow!«, sagte Nancy. »Woher weißt du das denn?«

»Einfach so.«

Nancy befühlte seinen Kopf, sah sich den roten Fleck an, fühlte seinen Puls und erklärte, er sei topfit und unversehrt.

Wir erfuhren, dass Nancy mit ihrer kleinen Nichte und ihrem Neffen auf dem Rückweg von einer Familienfeier in Mississippi war. Niemand von ihnen war verletzt und auch ihr Wagen fuhr noch und hatte nur einen kleineren Schaden am Kotflügel. Sie brachte ihre jungen Mitreisenden zu HK und auch sie waren überrascht von seinem erstaunlichen Wissen über Geburtsdaten.

Offensichtlich hatte der kleine Taschendieb ein weiteres sorgloses Opfer gefunden, denn zwei Wochen später traf bei uns zu Hause ein Päckchen von der Polizei in Scranton ein. Er freute sich riesig über eine handgeschriebene Karte von Nancy und ein Poloshirt der Polizei in Scranton mitsamt gesticktem Emblem und einer Polizeikappe. Eine offizielle Urkunde, die vom Polizeichef unterschrieben war und ihn zum *Ehrenmitglied der Polizei Scranton* ernannte, steigerte die Exklusivität dieses Überraschungspäckchens noch.

Drei Stunden nach der Massenkarambolage begann der Verkehr auf der Schnellstraße Richtung Osten endlich wieder zu fließen. Glücklicherweise waren an unserem Wagen nur die beiden Stoßstangen leicht beschädigt und er fuhr einwandfrei. Erst später sah ich, dass die Polster und Kopfstützen mit Kaffee und Tee bespritzt waren.

Brenda rief ihre Tante an und erklärte ihr unsere bedauerliche Verspätung. Erst am Nachmittag erreichten wir das Haus der 90-jährigen Leona Shelton. Da sie keine Kinder hatte, war Brenda gespannt, wie sie auf HK reagieren würde. Wir erinnerten uns, dass sie sich gefreut hatte, wenn unsere Mädchen mitgekommen waren, als sie klein waren, aber in den letzten Jahren hatten wir festgestellt, dass Tante Leona zuweilen ein wenig schwierig wurde. Wir hatten gehört, dass sie sich oft über Kinder beschwerte, die sich in der Baptistengemeinde nicht benahmen, wo sie seit mehr als einem halben Jahrhundert engagiertes Mitglied war.

Als wir HK dieser älteren Dame vorstellten, begrüßte er sie höflich mit den Worten: »Es ist schön, Sie kennenzulernen, Tante Shelton.«

»Ich freue mich auch, HK. Brenda und Jim haben schon viel von dir erzählt«, erwiderte sie.

»Tante Shelton, wann ist dein Geburtstag?«

»Mein Lieber, ich bin so alt, ich glaube nicht, dass du das wirklich wissen willst.«

Es war Liebe auf den ersten Blick, sowohl für den elfjährigen blinden Jungen als auch für die adrette Dame aus den Südstaaten. HK umarmte sie sofort und in der nächsten Stunde saß er an sie gekuschelt in dem antiken Lehnstuhl, in dem sie bei unseren Besuchen für gewöhnlich saß. Ich erinnere mich nicht, dass sie ihn je mit jemandem geteilt hätte – nicht einmal mit unseren Töchtern, als sie klein waren.

Bis zu Tante Leonas Tod vier Jahre später unternahmen wir die insgesamt sechs Stunden lange Fahrt nach Lenoir City jedes Vierteljahr. Brenda schoss jedes Mal viele Fotos und schickte ihrer

Tante die kostbaren Bilder von HK. Auf vielen davon unterhielten sie sich. Für gewöhnlich fanden wir die gerahmten Bilder bei unserem nächsten Besuch an prominenter Stelle im ganzen Haus.

Ein paar Wochen nach ihrer Beerdigung brachte der Verwalter von Leonas Anwesen Brenda eine große Kiste mit, die er unter ihren persönlichen Habseligkeiten gefunden hatte. Darin lagen Familienfotos aus ihrem ganzen Leben, aber ganz oben fanden wir mehr als zwei Dutzend Fotos von Leona und ihrem ganz besonderen neuen Freund. Häufig hörten wir HK danach noch sagen: »Ich vermisse Tante Shelton. Ich wünschte, sie wäre nicht gestorben. Sie war eine richtig nette Dame und ich habe sie sehr lieb gehabt.«

18

BLUEGRASS UND FREUNDE

Nashville ist ein Paradies für Musikliebhaber. Von überallher erklingt Livemusik, auch an ungewöhnlichen Plätzen. In dieser Stadt können Straßenmusiker, Coverbands in einer beliebigen Spelunke oder das kellnernde Milchgesicht im Restaurant über Nacht zum nächsten Star werden.

Solange ich mich entsinnen kann, bin ich ein begeisterter Fan von Bluegrass, also Country-Musik. Deshalb freue ich mich, ein Bagel-Bistro gefunden zu haben, in dem nun schon seit etlichen Jahren donnerstagabends Livebands aus der Bluegrass-Szene auftreten, um Kundschaft anzulocken. Banjo-Spieler und Sänger aus der Stadt treten mit der hauseigenen Band auf, um die Gäste zu unterhalten. Dazu gibt es Bagels und frisch gebackene Schokoladen-Cookies. Mit unserem Freundeskreis sind Brenda und ich so loyale Musikfans, dass wir unsere Ausflüge dorthin schon als unsere »Donnerstagabend-Gemeinde« bezeichnen.

Drei Jahre nachdem wir HK kennengelernt hatten, begannen wir, gemeinsam zur Bluegrass-»Gemeinde« zu fahren. Ich hatte ihn gefragt, ob er Bluegrass mochte und er hatte erwartungsgemäß geantwortet: »Ja, ich liebe Bluegrass!«

In jenem Sommer wurden wir zu regelmäßigen »Gemeinde«-Besuchern und verpassten kaum je eine Donnerstagabend-Session. Normalerweise waren wir spätestens um 18 Uhr dort, um noch gute Plätze in der Nähe der Bühne zu finden und gemeinsam zu Abend zu essen. Im Bagel-Bistro gab es sowohl runde Tische mit Stühlen als auch rechteckige Tafeln mit Bänken auf der einen und Stühlen auf der anderen Seite. Am Ende waren höchstens noch Stehplätze frei.

Es erfüllte mich mit Stolz, dass HKs Verwandlung in eine einnehmende und kontaktfreudige Persönlichkeit sprunghaft Fortschritte machte, nur drei Jahre nach unserer ersten Begegnung. Es war, als erwache er aus einem dunklen Ort, der für ihn von Geburt an Wirklichkeit gewesen war. Er zog sich nicht länger in seinen einsamen Panzer zurück, sondern knüpfte dank seines strahlenden Lächelns und seines neugierigen Wesens Kontakte mit völlig fremden Menschen, wie ich es sonst noch nie bei einem Menschen beobachtet hatte. Seine erstaunliche Gedächtnisleistung und seine Fähigkeit, den Wochentag eines Geburtsdatums zu nennen, sicherten ihm die Aufmerksamkeit. Leute, die anfangs noch Fremde waren, gehörten bald zu seiner fröhlichen Schar von Freunden.

Wegen der begrenzten Sitzmöglichkeiten teilten wir uns den Tisch meist mit anderen Bluegrass-Fans. Erwartungsgemäß tastete dieser kontaktfreudige Jugendliche immer so lange mit dem linken Arm, bis er die Person neben sich berührte und sagte: »Hi, ich heiße HK. Sind wir uns schon mal begegnet?« Egal, wie die Antwort ausfiel, seine nächste Frage war immer dieselbe: »Wann hast du Geburtstag?«

Ich blieb wachsam, hörte gut hin und war bereit einzugreifen, wenn er in der Unterhaltung zu weit ging. Ich hatte seine endlosen Verhöre selbst erlebt und wusste, dass nicht jeder seine unerbittlichen Fragen schätzte. Wenn ich nicht zu Hilfe sprang, konnte das Gespräch den ganzen Abend dauern.

An einem heißen Juliabend zogen wir wie immer zum Bagel-Bistro, um uns unsere Portion Bluegrass abzuholen. Es war ein ganz normaler Abend mit großem, musikhungrigem Publikum. Wie das Glück es wollte, war an unserem Tisch noch ein Stuhl frei. Kurz bevor die Musik begann, nahm eine junge Frau, ohne sich vorzustellen, darauf Platz und fragte:»Darf ich mich zu euch setzen?«

»Natürlich, gern.«

Wenige Sekunden später streckte HK seinen linken Arm aus und begann zu suchen. Er reckte sich so weit wie möglich und tastete hin und her, bis er schließlich ihren Arm berührte.

»Hi, wie heißt du?«, fragte er.

»Karen. Und du?«, flüsterte sie, um die anderen Zuhörer nicht zu stören.

»Ich bin HK«, erwiderte er, ohne zu flüstern.

»Wie ist dein Nachname?«

»Lowe.«

»Sind wir uns schon mal begegnet?«

»Nein, ich glaube nicht.«

»Wo wohnst du?«

Ich wusste sofort, worauf die Sache hinauslief.

»Hi Karen, ich bin Jim«, sagte ich entschuldigend.»HK, Karen ist hier, um Musik zu hören. Stell deine Fragen jetzt bitte nicht.«

Er gab sich geschlagen und verzichtete für den Moment auf sein Verhör. Ich beobachtete sein kleines, neugieriges Gesicht und konnte sehen, dass er dringend mehr über Karen erfahren wollte und vorher nicht glücklich sein würde. Die Bluegrass-Musiker spielten eine Dreiviertelstunde lang und machten dann eine kurze Pause. In der Pause bestellte ich normalerweise frisch gebackene Cookies für uns beide, aber heute Abend hatte HK etwas anderes vor.

Wir erfuhren zunächst, dass Karen Reporterin beim *Tennessean* war, der Tageszeitung von Nashville. Sie war an dem Abend gekommen, um eine Reportage über die ungewöhnliche Mischung aus Bagels und Bluegrass donnerstagabends zu schreiben. Ich denke, sie ging davon aus, dass sie dafür Interviews mit den Musikern führen und einige Informationen über Zuhörer sammeln würde. Stattdessen fand sie sich in der genau entgegengesetzten Rolle wieder: Nun beantwortete *sie* die Fragen und erzählte etwas über sich selbst.

HK stellte systematisch seine Fragen und Karen beantwortete höflich jede einzelne. Wie jede erfahrene Reporterin drehte sie aber kurz darauf den Spieß um und stellte Fragen.

»Magst du Bluegrass?«

»Ja, ich liebe Bluegrass.«

»Wie lange bist du schon ein Fan, HK?«

»Ich komme seit Juni mit Mr Bradford hierher.«

Mit der Präzision einer guten Journalistin stellte Karen in der kurzen Pause weitere Fragen und notierte die Antworten in ihrem dicken Buch. HK erzählte ihr die gekürzte Fassung seiner Lebensgeschichte. Er erzählte ihr vom Unfall, von seiner Mutter und seinem Vater, wie er mich 1999 kennengelernt hatte und wie wir beide beste Freunde geworden waren. Karen lächelte über seine schlichten, aber greifbaren Antworten und die Aufrichtigkeit, mit der er die intimsten Dinge seines Lebens preisgab. Als ich gelegentlich zu ihr hinübersah, bemerkte ich, dass ihr Kinn zitterte und sie feuchte Augen hatte.

Nach dem letzten Lied der Band führten Karen und HK ihre gegenseitige Befragung draußen weiter fort, wo wir ihren Mann kennenlernten, der schon auf sie wartete, um sie nach Hause zu fahren. Wir unterhielten uns ein wenig mit ihm und winkten uns alle zum Abschied zu, als wir wegfuhren. Ich fragte mich, ob wir Karen einmal wiedersehen würden. Ich hatte da so eine Ahnung…

Die Antwort ließ nicht lange auf sich warten: Als wir am darauffolgenden Donnerstag zu unserem Lieblings-Veranstaltungsort fuhren, hatten wir Glück und fanden einen Tisch mit einer Bank und zwei hochlehnigen Stühlen. Als die Band sich einspielte und jeden Moment anfangen würde, erschien die vertraute Brünette mit ihrem dicken Notizbuch.

»Hi HK. Darf ich mich zu euch setzen?«

»Wer ist das, Mr Bradford?«

»Das ist Karen«, sagte ich.

»Es ist schön, euch beide wiederzusehen«, sagte sie.

»Hi Karen, bist du die Reporterin?«

»Ja.«

»Warum bist du heute Abend gekommen?«

»Ich arbeite immer noch an meinem Artikel.«

Plötzlich sagte HK ohne erkennbaren Grund:»Karen, ich hab dich lieb.«

Überrascht hielt Karen inne und erwiderte dann mit leiser Stimme:»Ich hab dich auch lieb, HK.«

Sie erklärte ihm, dass sie noch am letzten Schliff für ihren Artikel arbeitete und zudem diesmal eine Begleiterin dabei habe. Sie stellte uns ihre Fotografin Michelle vor, die zwei teure Kameras um den Hals hängen hatte und eine große schwarze Tasche mit Equipment trug. Michelle war leichte Beute für den Meister.

Obwohl Karen ihre Kollegin bereits vorgestellt hatte, schlug HK sofort zu:»Wie heißt du?«

»Michelle.«

»Sind wir uns schon mal begegnet?«

»Ich glaube nicht.«

»Wo wohnst du?«

Wieder fühlte ich mich gezwungen einzugreifen:»HK, bitte frag Michelle nicht weiter aus. Sie ist hier, um zu fotografieren und hat zu tun.«

»Was will sie denn fotografieren?«

»Chris, Sally und die anderen Bandmitglieder.«

Die Erklärung musste ausgereicht haben, denn es kamen keine weiteren Fragen, bis die Vorstellung vorüber war und wir das Restaurant verließen. Genau wie in der Woche zuvor bei Karen drehte HK sich rasch zu Michelle um und bombardierte sie mit persönlichen Fragen zu ihrem Beruf, wo sie geboren war und sogar, ob sie liiert sei. Schließlich fragte er sie nach ihrem Geburtsdatum und sie war ehrlich verblüfft, als er ihr sofort sagte, an welchem Wochentag sie geboren sei. Sie erklärte ihm, sie sei Single und den Bruchteil einer Sekunde lang sah ich ihn sie schon zum Essen einladen. Sehr zu meiner Erleichterung blieb dieses Szenario aber aus und wir sahen unsere beiden Journalistinnen in jenem Sommer nicht wieder.

An einem Spätnachmittag im Oktober meldete sich Karen überraschend bei mir im Büro. Nachdem wir uns am Telefon darüber ausgetauscht hatten, was seit unserem letzten Treffen geschehen war, schilderte sie mir den Grund für ihren Anruf. Die Persönlichkeit und die tragische Geschichte unseres kleinen Taschendiebs hatten zwei weitere unschuldige Opfer gefunden. Nur Tage nach unserem letzten Wiedersehen beim Bluegrass-Konzert hatte der Zeitungsredakteur Karen und Michelle grünes Licht dafür gegeben, HK und mich ausführlich zu porträtieren. Der Artikel sollte im Williamson-Lokalteil des *Tennessean* erscheinen.

»Ich rufe an, um Ihre Zustimmung für diesen Artikel zu bekommen.«

»Karen, das klingt großartig«, erwiderte ich. »Aber das ist nicht allein meine Entscheidung, denn es geht ja um HK. Ich muss mit seiner Oma sprechen. Sie lebt sehr zurückgezogen und ich bin nicht sicher, wie sie auf eine solche Anfrage reagiert.«

Karen zeigte Verständnis: »Das hatte ich schon erwartet. Bitte sagen Sie ihr, dass es unserer Meinung nach eine tolle Geschichte wird, die viele Menschen interessiert. HK hat uns sehr beeindruckt. Bitte versuchen Sie doch, ihre Zustimmung einzuholen.«

»Ich werde anrufen und sie fragen. Ich melde mich bei Ihnen zurück, kann Ihnen aber leider keine Garantie geben.«

»Ich bin dankbar für alles, was Sie tun können.«

Ich war mir unsicher, wie Pearl darüber denken würde, HKs Lebensgeschichte an die Öffentlichkeit zu bringen. Am Abend rief ich sie an und erklärte ihr ausführlich, wie wir die beiden Journalistinnen bei unseren Bluegrass-Konzerten donnerstagabends kennengelernt hatten. Ich erzählte ihr von Karens Anruf und ihrer Idee für ein Zeitungsporträt über HK. Um ihr die Zustimmung zu erleichtern, versprach ich, sie werde ebenfalls in diesem Artikel vorkommen.

Noch bevor mir die letzten Worte über die Lippen kamen, spürte ich, dass sie skeptisch war. Langsam und entschieden erwiderte sie:»Ich glaube nicht, dass ein solcher Artikel gut wäre. Er würde nur Geister der Vergangenheit wecken.«

Ich war nicht ganz sicher, was sie damit meinte, aber ich respektierte ihre Entscheidung. Weder hinterfragte ich ihre Einschätzung, noch stellte ich weitere Fragen.

»In Ordnung, das ist verständlich. Ich sage Karen Bescheid.« Langsam stellte ich das Telefon zurück in die Aufladestation und hatte das Gefühl, jemand schnürte mir den Atem ab. Meine Begeisterung war so schnell gewichen, wie sie aufgekommen war, als Karen ihre Idee geäußert hatte. In jener Nacht konnte ich kaum schlafen.

Kurz nachdem ich am nächsten Morgen ins Büro gekommen war, klingelte mein Telefon. Ich zögerte ranzugehen, weil mir klar war, dass es Karen sein musste. Sie freute sich sicher schon auf die Geschichte mit HK und wollte schnell loslegen. Ich meldete mich am Telefon und suchte schon nach den richtigen Worten, um ihr die schlechte Nachricht mitzuteilen. Eiskalt erwischte mich aber Pearls Stimme am anderen Ende der Leitung:»Jim, hast du schon mit Karen gesprochen?«

»Nein, noch nicht. Ich bin erst seit ein paar Minuten im Büro. Ich will sie im Laufe des Vormittags anrufen. Soll ich ihr noch etwas ausrichten?«

»Ja, also, ich wollte sagen …«

Sie wollte das Gespräch von gestern fortsetzen, das ich für beendet gehalten hatte:»Nachdem ich jetzt eine Nacht darüber geschlafen habe«, sagte sie,»habe ich meine Meinung geändert. Der Artikel handelt von HK, nicht von mir. Es klingt nach einer sehr schönen Idee und ich weiß, dass HK begeistert wäre. Vielleicht entwickelt sich für ihn daraus sogar noch irgendetwas Positives. Ich finde es schön, dass Karen und Michelle in ihm dasselbe erkennen wie wir. Bitte rufen Sie Karen an und sagen Sie ihr, wenn der Vorschlag für diesen Artikel noch steht, hat sie mein Einverständnis.«

Ich war hocherfreut und meine Begeisterung kehrte zurück, als hätte es das gestrige Gespräch mit ihr nie gegeben. Sofort wählte ich Karens Nummer und hinterließ eine Nachricht. Keine Stunde später rief sie zurück und bekam genau die Antwort, die sie sich gewünscht hatte. Sie war begeistert.

»Ich spreche mit Michelle die Termine ab und rufe Sie zurück, damit wir überlegen können, wie wir das Material von Ihnen, Brenda, Pearl und HK bekommen, das wir brauchen. Wahrscheinlich werden wir einige Zeit mit Ihnen allen verbringen müssen«, warnte sie mich. Ich würde mehr darüber erfahren, wie es ist, für die Tageszeitung einer Großstadt zu schreiben, als ich eigentlich wissen wollte.

Nach den Gesprächen mit ihrem Redakteur ging Karen davon aus, dass der Artikel im Lokalteil der Tageszeitung für die Vororte erscheinen würde. Die Ausgabe für Williamson County hatte etwa 30 000 Leser. Sie nahm an, den Artikel in zwei oder drei Wochen fertigstellen zu können. »In drei Wochen sollte er aber in jedem Fall fertig sein.«

Einige Wochen vergingen, dann ein Monat, aber weder HK noch ich hörten von Karen. Nach allem, was ich über den Wettstreit um den Platz zur Veröffentlichung gehört hatte, nahm ich an, dass der ganze Artikel auf Eis gelegt worden war. Mit HK sprach ich nicht darüber, weil ich wusste, dass er sehr enttäuscht gewesen wäre.

19

DIE TITELSTORY

In der Woche vor Thanksgiving, an einem kalten Novembermorgen, rief Karen plötzlich an, um sich zu entschuldigen, dass sie uns im Ungewissen gelassen hatte. Ohne Einzelheiten zu nennen, erklärte sie: »Ich warte noch auf weitere Infos von meinem Redakteur, bevor ich das Projekt angehe. Er schien noch andere Gedanken zu haben als die, über die wir gesprochen hatten.«

Diese Bemerkung weckte meine Neugier, aber sie blieb eisern: »Ich kann leider noch nichts weiter dazu sagen. Es ist etwas im Gespräch, das positiv wäre für den Artikel. Ich melde mich, sobald ich mehr weiß.« *Na klasse, also weiter warten.*

Das neue Jahr war schon wieder fast zwei Monate alt und ich hatte noch nichts weiter gehört. Dann rief Karen an einem Dienstagmorgen im Februar gerade in meinem Büro an, als ich hereinkam. Ich erkannte ihre Stimme, aber sie klang mindestens eine Oktave höher, als ich sie in Erinnerung hatte.

»Mein Redakteur meint, dass schon der erste Entwurf eine so interessante Geschichte verheißt und HK so außergewöhnlich ist, dass er Michelle und mich ein noch viel längeres Porträt mitsamt Fotos schreiben lässt. Natürlich muss er den genauen Inhalt und die Artikellänge am Ende noch einmal absegnen.«

Mein Herz schlug schneller, als sie beschrieb, wie sich die Zeitung die Veröffentlichung von HKs Geschichte nun vorstellte: Sie sollte die Titelstory werden für *Life*, ein mehrseitiges Magazin in der Sonntagsausgabe des *Tennessean*, das etwa eine Million Leser hatte.

»Das ist die größte Chance, die ich in meiner gesamten Laufbahn als Journalistin bisher hatte!« Ihre Begeisterung offenbarte sich laut und deutlich und sprang sofort auf mich über.

»Herzlichen Glückwunsch! Das klingt richtig spannend.« Nun sprang auch meine Stimme eine Oktave höher. »Ich weiß, dass HK total begeistert sein wird. Wir freuen uns beide, uns mit Ihnen und Michelle zu treffen.«

Karen hatte schon angedeutet, dass sie viel Zeit mit uns würde verbringen müssen, aber die unzähligen Stunden, die für die Fertigstellung dieses ausführlichen Porträts nötig waren, hatten wir nicht erwartet. Vier Monate lang waren sie fast jedes Wochenende mit uns zusammen, sammelten Hintergrundmaterial, führten Interviews und schossen Bilder von Pearl, Brenda, HK und mir. Die beiden Reporterinnen waren unser Wochenendschatten, der uns buchstäblich überallhin verfolgte, egal wohin wir fuhren. Karen kritzelte mindestens ein Dutzend ihrer kleinen Reporterblöcke voll, während Michelle mit ihrer teuren Digitalkamera aus jedem denkbaren Winkel Tausende von Fotos schoss.

Gelegentlich sorgte unsere beträchtliche Gefolgschaft für einigen Wirbel in Brentwood. HK war ganz in seinem Element. Als die Journalistinnen einmal dokumentierten, wie wir im Waffelhaus frühstückten, war den anderen Gästen anzumerken, dass es ihnen schwerfiel, nicht zu uns herüberzustarren und über uns zu tuscheln, weil sie offenbar den Jungen mit Behinderungen, der im Zentrum des Geschehens stand, für einen Kinderstar hielten. Unsere Vermutung bestätigte sich, als HK und ich allein ein paar Wochen später erneut im Waffelhaus waren. Eine Kellnerin erzählte HK, dass einige Kundinnen ihn an dem Tag für einen Schauspieler gehalten hatten, der in Nashville einen Fernsehfilm drehte. »Ich habe sogar gehört, wie eine Dame sagte, sie habe in der Zeitung von dem Film gelesen.«

»Mr Bradford, ich bin berühmt – ich wusste gar nicht, dass sie einen Film über mich drehen!«

Ich musste ihm schnell klarmachen, dass es keinen Film, sondern nur einen Zeitungsbericht über ihn geben würde. Er hatte keine Ahnung, dass Ruhm und Ansehen schon um die Ecke warteten, ihm aber auch noch ein paar Hürden bevorstanden.

Egal, wohin wir mit den Reporterinnen im Schlepptau kamen, HK war allen ein Begriff. Er kannte praktisch jeden Verkäufer der zahlreichen Geschäfte von Brentwood mit Vornamen. Die Leute schienen sich von seiner quirligen Persönlichkeit angezogen zu fühlen wie die Biene von der Blume. Sein skurriles Zahlengeschick verschaffte ihm die Zuneigung aller. Er war einfach in vielerlei Hinsicht erstaunlich. Langsam, aber stetig überwand sein wachsendes Selbstwertgefühl seine einsame, abgeschottete Welt.

Genau in dieser aufregenden Zeit der Freude über die bevorstehende Veröffentlichung erhielt Pearl Nachrichten, die sie lieber nicht bekommen hätte. HK hatte gerade seine jährliche Untersuchung hinter sich und die Ärzte waren erfreut, dass seine letzten Krampfanfälle fünf Jahre zurücklagen. Sein Gesundheitszustand hatte sich stetig verbessert. Er wuchs zwar nach wie vor langsamer als andere Zwölfjährige, aber doch weitgehend normal – außer in einem Bereich: Die Lähmung wirkte sich mit Beginn der Pubertät immer stärker auf die sich entwickelnde Beinmuskulatur aus. Wir sahen es selbst an seiner immer schlechteren Haltung. Auch die

Krümmung der Wirbelsäule nahm zu und ließ ihn immer stärker humpeln. Er entwickelte eine Fallneigung nach vorn. Die Ärzte erklärten Pearl, dass ein Eingriff nötig sei, um seine verkürzten hinteren Oberschenkelmuskeln zu korrigieren. Ohne Operation würde sich seine Beinmuskulatur weiter verkürzen und seine Beweglichkeit wäre erheblich eingeschränkt. Am Ende bliebe ihm nur ein Leben im Rollstuhl.

Diese Operation war ein heikler Eingriff, bei dem seine Oberschenkelmuskeln abgetrennt und dann einzeln wieder befestigt werden sollten. Die Chirurgen der *Vanderbilt*-Klinik hatten viel Erfahrung mit diesem Eingriff, wenn auch weder bei so jungen Patienten noch bei einer solchen medizinischen Vorgeschichte. Unter normalen Umständen dauerte die Genesung vier bis sechs Wochen, aber HK würde länger brauchen. Pearl rang mit ihrer Entscheidung, aber nicht lange: Sie wollte sicher nicht, dass ihr prächtiger Enkel sein Leben in einem Rollstuhl verbringen müsste.

Die Operation wurde nach Schuljahresende auf den 2. Juni 2003 angesetzt. Die Ärzte waren optimistisch, dass HK bei gutem Verlauf im Herbst wieder zur Schule gehen könnte. In der Woche vor der OP entschied ich, dass uns beiden unsere »Donnerstagabendgemeinde« guttäte, also belegten wir unsere üblichen »Kirchenbänke« und machten es uns für einen Abend mit Bagels und Bluegrass bequem.

Ich hatte unseren Bluegrassfreunden von HKs bevorstehender OP erzählt und sie standen bereit, um ihn zu ermutigen. Aber HK interessierte sich nur für seinen bevorstehenden Ruhm als Star. Jeder am Tisch musste sich in den Pausen dazu etwas anhören. Später an dem Abend überreichten ihm seine engsten Freunde ein Überraschungspäckchen. Eine Menschentraube bildete sich um unseren Tisch und ich half ihm in der Pause, das Geschenk auszupacken: ein weißes T-Shirt, auf dem vorne in goldenen Buchstaben »Hollywood Kid« prangte. Hinten war ein großer, schwarzer Cadillac aufgedruckt. Er war begeistert und hielt es für einen Beweis seiner Berühmtheit. Aber ich wusste, dass sie ihn mit dieser kleinen Geste einfach verwöhnen wollten.

Pearl, Brenda und ich brachten HK in der Woche darauf ins Krankenhaus. Es war ein Montagmorgen, beinahe einen Monat vor seinem 13. Geburtstag. Seine OP begann kurz vor neun Uhr und die Krankenschwestern sagten, wir sollten damit rechnen, dass sie etwa drei Stunden dauern würde.

Im Laufe des Vormittags füllte sich das Wartezimmer der Chirurgie mit Familien, die ungeduldig darauf warteten, von ihren Angehörigen zu hören. Mehrere von HKs Freunden aus unserer Gemeinde waren gekommen und warteten mit uns. Nach zweieinhalb Stunden kam einer der Chirurgen heraus und teilte uns mit, dass die Operation abgeschlossen und erfolgreich verlaufen sei. HK erholte sich, während er auf ein freies Zimmer wartete.

Gegen Mittag erfuhren wir, dass er in ein normales Zimmer verlegt worden war, aber noch stark unter dem Einfluss der Betäubungsmittel stand und vermutlich den ganzen Nachmittag schlafen würde. Brenda, Pearl und ich packten unsere Habseligkeiten zusammen und eilten an sein Bett. Als wir ins Zimmer kamen, schlief er friedlich. Beide Beine waren von den Fersen bis oben zu den Hüften in Schienen gehüllt.

Die Anspannung an diesem Vormittag war groß gewesen und das Frühstück lag schon einige Zeit zurück. Daher eilte ich in ein nahe gelegenes Restaurant und besorgte uns etwas zu essen.

Während ich unterwegs war, kam der Chefarzt herein und schilderte Pearl den aktuellen Stand: Der Eingriff sei wie geplant und ohne Überraschungen verlaufen. HKs Aussichten seien gut, aber die nächsten 24 Stunden würden extrem schmerzhaft für ihn werden. Er habe starke Betäubungsmittel bekommen und würde vermutlich weitere Schmerzmedikamente brauchen.

Bevor der Arzt das Zimmer verließ, zeigte er Pearl und Brenda den extra angefertigten Schienenaufsatz unter HKs kürzerem rechtem Bein. Bis beide Schienen in etwa drei Wochen abgenommen werden würden, half ihm dieser Aufsatz beim Stehen. »Aber«, warnte der Arzt streng, »jetzt ist er dazu noch nicht in der Lage. Lassen Sie ihn unter keinen Umständen ohne die Hilfe der Pflegekräfte aus dem Bett aufstehen!«

Als ich mit zwei Tüten Essen ins Krankenhaus zurückkehrte, saß Brenda hemmungslos schluchzend vor HKs Zimmer.

Mir sank das Herz: »Was in aller Welt ist denn passiert?«, rief ich.

Unter Tränen erzählte sie, dass Pearl ihn entgegen der ausdrücklichen Anweisung des Arztes aus dem Bett geholt und dazu ermuntert hatte, sich auf seine neuen Schienen zu stellen. Er hatte vor unerträglichen Schmerzen geschrien.

Als ich die Kammer des Grauens betrat, blickte eine bleiche Pearl mit großen Augen zu mir auf und gestand zerknirscht: »Ich glaube, ich habe etwas getan, das ich besser gelassen hätte – ich habe HK aufstehen lassen.«

»Aber warum denn bloß?« Ich konnte es nicht fassen.

»Der Aufsatz an der Schiene sah nicht richtig aus. Ich wollte sichergehen, dass er wirklich darauf stehen konnte.«

HK wimmerte noch immer und es brach mir das Herz. Abgesehen von dem einen Mal vor Jahren, als ich mich bei *Mrs Winner's*

Fotos von HK aus der Grundschule
(von links nach rechts: sechs, acht und elf Jahre alt)

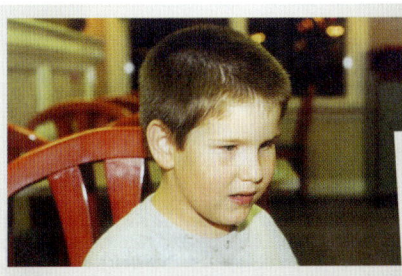

Das erste Foto, das Mr Bradford
vom neunjährigen HK geschossen hat,
nachdem sie sich 1999 im
Mrs Winner's getroffen hatten.

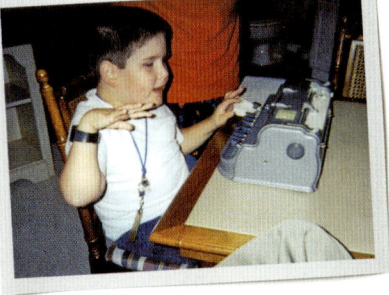

HK an seiner Braille-Schreibmaschine
bei den Hausaufgaben (2001).

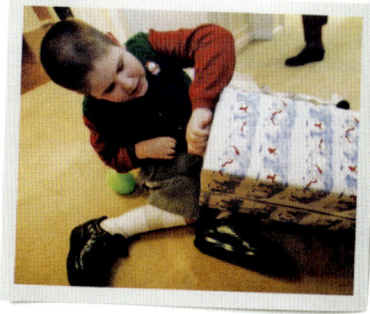

Mrs Bradford und HK wärmen sich
an einem winterlichen Tag
im Dezember 2000 auf.

HK öffnet sein Geschenk bei der
Weihnachtsfeier der Bradfords
(Dezember 2002).

Von links nach rechts: Herb Shumaker,
Jim Bradford, Chris Peugeot (Pilot),
HK (Kopilot) und Gary Waller vor ihrem
Flug zum Nationalpark *Land between
the Lakes* in Kentucky.

Gary Waller und HK absolvieren
die Vorflugkontrolle vor einem Start
im Oktober 2003.

HK besucht zum ersten Mal
Leona Shelton, die dreiundneunzigjährige
Tante von Mrs Bradford. Juli 2001

Mr Bradford, seine Enkel Mac
und Cathrine und HK
beim Weihnachts-Brunch 2007
in der Kirche.

Tims Ford Lake Mai 2001:
HK steuert zum ersten Mal
das Boot der Bradfords.

HK bei einem Reitwettbewerb
von *Saddle Up*, April 2005

HK und Mr Bradford
nach einer hart umkämpften
Mini-Golf-Runde in Destin in Florida,
August 2006

Gene Stallings,
der frühere Football-Chefcoach
der *University of Alabama*
und HK im Januar 2009

Coach Stallings mit HK, Brenda und Jim Bradford bei der *Montgomery Bell Academy* im August 2009

HK und Mr Bradford nach einem Vortrag an der Ensworth Highschool im April 2012

HK mit seinen Freunden Caroline Solomon (links) und Amanda Gonzalez (rechts) an der *Furman University* in Greenville in South Carolina. HK wurde dort Ehrenmitglied des Psychologie-Klubs, März 2015

Von links nach rechts: Stu und Dot Brandt, Brenda und Jim Bradford und HK bei einem Fischessen in Destin in Florida im August 2012

HK und Brooke Sage tanzen
beim Abschlussball der Blindenschule von Tennessee im Mai 2012

HK erhält sein Highschool-
Abschlusszeugnis, Juni 2012

HK und seine Großmutter Pearl
bei der Abschlussfeier

HKs Foto im Jahrbuch
der Abschlussklasse 2012

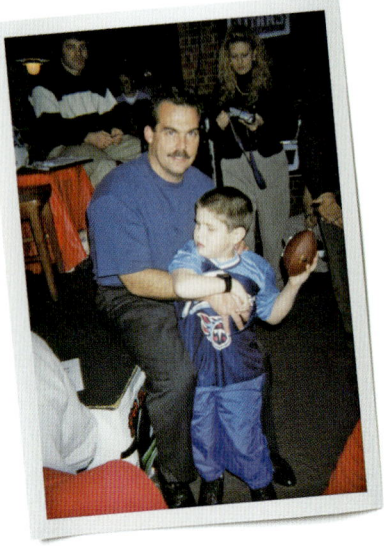

Der ehemalige Chefcoach
der *Tennessee Titans* bringt HK
die richtige Technik für
einen Passwurf bei. Januar 2001

HK und Kevin Mawae,
der ehemalige All-Star Center
der *Titans*, Oktober 2006

Eddie George, der ehemalige
All-Star Runningback der *Titans*
und HK, Juli 2013

HK und Dan T. Cathy, der Vorstands-
vorsitzende und Geschäftsführer
von Chick-fil-A, August 2014

R. A. Dickey, der Pitcher
der *Toronto Blue Jays* mit HK
im September 2013

HK bei einem Besuch
des Chick-fil-A-Haupt-
quartiers am Schreib-
tisch von S. Truett
Cathy. Atlanta
im Oktober 2014

HK, inzwischen ein erfahrener
Navigator, auf dem Tims Ford Lake
im Juni 2015

Von links nach rechts:
HK, Sharolyn Snyder, Mike Boyd,
seine Pflegerin Tressa und Brent Snyder
am Nashville International Airport
vor dem Abflug in den Skiurlaub in Colorado.
Januar 2016

Mr Bradford und HK
genießen ihr Essen
in ihrem Lieblings-
Hähnchenrestaurant
in Brentwood, April 2012

Aly Perry, eine Restaurant-Managerin,
und HK im April 2016

Pearl und HK beim Fotoshooting
für den Artikel in der Zeitschrift
Vanderbilt Medical im Mai 2012

Mr Bradford und HK im März 2014

von ihm verabschiedet und damit seinen Anfall ausgelöst hatte, hatte ich ihn nie wieder weinen sehen. Damals schmerzte ihm das Herz, diesmal waren es die Beine.

Für den Nachmittag hatten einige Freunde organisiert, dass ihm ein Meteorologe aus der Gegend, der zu HKs Lieblingspersönlichkeiten im Fernsehen gehörte, einen Überraschungsbesuch abstattete. Auf seinem Weg zum Fernsehsender kam der Wettermann auf eine kurze Stippvisite vorbei und wünschte dem kleinen Patienten eine schnelle Genesung. HK war erschöpft und stand noch immer unter dem Einfluss von Betäubungsmitteln, aber er erkannte die vertraute Stimme sofort und murmelte: »Danke, dass Sie mich besuchen. Sie sind mein Lieblings-Wettermann. Ich bleibe wach und sehe mir heute Abend ihre Vorhersage an.«

Der Herr erwiderte lächelnd: »HK, es ist mir eine Ehre. Ich sende dir heute Abend in meiner Vorhersage einen besonderen Gruß. Ich hoffe, du kommst bald wieder auf die Beine.«

Und der Wetterfrosch hielt tatsächlich sein Versprechen – und HK ebenfalls – mit ein wenig Hilfe. Denn als die Zehn-Uhr-Nachrichten begannen, war er kaum mehr ansprechbar. Ich musste mich bemühen, ihn für die Wettervorhersage wachzuhalten. Er hielt gerade lange genug durch, um gegen Ende der Vorhersagen zu hören: »Mein kleiner Freund HK erholt sich gerade von einer OP in der *Vanderbilt*-Uniklinik. Bitte beten Sie für ihn.« Ich blickte zu ihm hinüber, um seine Reaktion zu sehen: Er lächelte friedlich und war bereits wieder im Land der Träume.

Ein paar Sonntage später, am 13. Juli 2003, erschien schließlich die ausführliche Titelgeschichte »Wie ein Vater, wie ein Sohn« im *Life*-Magazin des *Tennessean*. An jenem Morgen klingelte schon früh das Telefon. Brenda rief aus Atlanta an, wohin sie dienstlich übers Wochenende verreist war. Sie wollte hören, ob die Sonntagszeitung schon gekommen wäre und ich den Artikel gelesen hätte.

»Ich bin gerade fertig und ich finde ihn hervorragend«, erwiderte ich. »Mir stehen Tränen in den Augen. Die beiden haben das sehr gut gemacht.«

Sie wusste, dass HK begeistert sein würde, wenn ich ihm den Artikel vorlas und die berührenden Fotos beschrieb, die den Kern unserer besonderen Geschichte festhielten. »Bitte sag HK, dass ich sehr stolz auf ihn bin.«

Ich trank meinen Morgenkaffee in der Stille unseres leeren Hauses und führte mir den Artikel noch einmal langsam zu Gemüte. Diesmal genoss ich jede schöne Formulierung, jede genaue Beobachtung, mit der unsere befreundeten Journalistinnen unsere anrührende Geschichte erzählten. In der Sportwelt würde man HK einen Champion nennen. Unsere Freunde begannen, ihn für einen Star zu halten. Aber ich wusste, dass er ein Wunder war.

20

»SIE WISSEN JA, ICH BIN BERÜHMT«

Der turbulente Wirbelsturm des Ruhms traf uns alle überraschend, vor allem HK. Nachdem mehr als eine Million Leute über ihn gelesen hatten, kannten ihn noch mehr Menschen und wir wurden noch häufiger angesprochen, egal wo wir auftauchten. An dem Sonntag, als die Geschichte erschienen war, eilten die Leute in der Gemeinde auf uns zu. Sie konnten es gar nicht erwarten, HK mitzuteilen, dass sie in der Zeitung über ihn gelesen hatten. Selbst unser Pastor legte der versammelten Gemeinde den Artikel über »eines unserer berühmtesten Gemeindemitglieder« ans Herz.

Es dauerte nicht lange, bis aus den ersten Anzeichen von HKs neuem Ruhm klare Gewissheit wurde: Der lokale Ableger des großen amerikanischen Fernsehsenders CBS lud ihn zur Mittags-Talkshow *Talk of the Town* ein, die damals von Harry Chapman moderiert wurde. Interviewer und Befragter bauten in der Livesendung schnell eine Beziehung auf. Harry Chapman stellte HK eine Reihe von Fragen zum Artikel, zu unserer Freundschaft und zu einigen der Ereignisse, die sein Leben verändert hatten. HK beantwortete gewissenhaft jede Frage und hielt manchmal nachdenklich inne, bevor er weitersprach. Aber mit einem unberechenbaren HK im Studio verlief die Talkshow nicht ganz in gewohnten Bahnen.

Direkt nach dem Interview las Harry eine Fernsehwerbung vom Teleprompter ab. Plötzlich unterbrach HK ihn mit einem dringenden Anliegen. Ohne dass man ihn dabei im Fernsehen sah, fragte er: »Harry, Harry, ist Ron, der Wettermann, heute im Sender?«

»HK, ich glaube, Ron kommt erst gegen zwei Uhr.«

»Können Sie ihn dann von mir grüßen, wenn er kommt? Er ist ein guter Freund von mir.«

»Das mache ich gern, HK, aber jetzt muss ich diese Werbung noch beenden.«

Die Kameraleute und Techniker im Studio mussten an sich halten, um nicht in wildes Gelächter auszubrechen, als der unschuldige blinde Junge kurzzeitig den Spitzenmoderator Harry Chapman aus dem Konzept brachte. Denn der Teleprompter war unbeirrt weitergelaufen. Da er die Stelle nicht fand, wo er den Werbespot unterbrochen hatte, war er gezwungen, den verbleibenden Teil des Webetextes zu improvisieren und stellte erneut seine Professionalität unter Beweis.

Nachdem wir das Studio verlassen hatten, wollte ich HK zu Pearl bringen, aber noch als wir auf dem Parkplatz des Senders in der Innenstadt standen, klingelte mein Handy. Erst dachte ich, jemand wollte sich einen Scherz erlauben, als die Anruferin sich als Reporterin des lokalen Ablegers des großen Fernsehsenders NBC zu erkennen gab. Ein kurioser Zufall, dass wir gerade auf dem Parkplatz ihres Konkurrenten standen, als sie uns einladen wollte, in der Regionalsendung *Unbesungene Helden* aufzutreten.

Anders als das Live-Interview wurde *Unbesungene Helden* vorher aufgezeichnet. Das kurze Porträt über verschiedene Menschen wurde jeweils donnerstagabends und am Wochenende während der Sechs-Uhr-Nachrichten ausgestrahlt. Die Reporterin erzählte, sie habe unsere Geschichte in der Zeitung gelesen und versicherte mir, sie habe keine Ahnung gehabt, dass er gerade in *Talk of the Town* aufgetreten war.

HK, Pearl, Brenda und ich wurden stundenlang von Reportern interviewt, die Informationen für ihre Mini-Dokumentation sammelten. Ihr Kamerateam filmte uns tagelang an unseren typischen Orten in Brentwood. Der Beitrag für *Unbesungene Helden* war für ein anderes Medium gedacht als die gedruckte Titelgeschichte, zeichnete aber ebenfalls unser ungewöhnliches Kennenlernen und unseren gemeinsamen Weg nach.

Sein Erscheinen in einer Zeitung mit hoher Reichweite und in zwei Fernsehsendungen machte HK ganz sicher zu einer lokalen Berühmtheit und er genoss es jede Sekunde lang. In zwei unserer Lieblingsrestaurants hingen gerahmte Autogrammfotos von ihm neben denen berühmter Country-Sänger. Noch heute, viele Jahre nach Veröffentlichung der Titelgeschichte, erkennen ihn wildfremde Leute und erinnern sich, über ihn gelesen zu haben. Es ist nichts Ungewöhnliches, wenn uns Leute jeden Alters beim Einkaufen oder im Restaurant ansprechen. Typischerweise verlaufen diese Begegnungen so:

»Entschuldige, aber bist du nicht der Junge, über den vor einigen Jahren etwas in der Zeitung stand?«

»Ja. Ich heiße HK. Sind wir uns schon mal begegnet? Wie heißt du? Wann hast du Geburtstag?«

Vier Monate nach der OP, als HK sich noch bei uns zu Hause erholte, war er verblüfft, als der Chefassistent des berühmten Country-Sängers Alan Jackson anrief und uns in der folgenden Woche als besondere Gäste in die traditionsreiche Country-Show

Grand Ole Opry einlud. Dank aufmerksamer Freunde, die diesen Assistenten kannten, würde HK eine fürstliche Behandlung zuteilwerden, die sonst nur Mr Jacksons Familie vorbehalten war und zu der auch eine Fahrt in seinem privaten Tourbus und Plätze hinter der Bühne der Opry-Show gehörten. Diese Neuigkeiten ließen HKs Genesung sprunghaft voranschreiten.

Als wir an diesem besonderen Abend bei *Grand Ole Opry* eintrafen, wurde unser Autokorso von einem sympathischen Sicherheitsmann mit Klemmbrett begrüßt. Nachdem er seine Gästeliste sorgfältig konsultiert und sich vergewissert hatte, dass wir wirklich zu HK Derryberry gehörten, wie wir vorgaben, sagte er:»Mr Jackson wartet schon auf Sie. Ich wünsche Ihnen einen schönen Abend bei *Opry*.« Er wies uns zu einem Parkplatz, der für jene Leute reserviert war, die bei *Opry* auftraten. Ich erinnere mich noch, dass ich konkret betete, dass»Whispering Bill« Anderson, ein Mitglied der *Country Music Hall of Fame,* heute Abend nicht auftrat, denn wir parkten auf dem für ihn reservierten Platz.

Wegen seiner OP saß HK vorübergehend im Rollstuhl. Aber das war kein Problem, denn Alan Jackson und sein Assistent hatten alle nötigen Vorkehrungen getroffen – darunter auch Leute, die halfen, den speziellen Gast in den Bus zu bringen. Ich denke nicht, dass Alan Jacksons Assistent erwartet hatte, dass so etwas einmal zu seinen Aufgaben gehören würde, aber er schlug sich bewundernswert und setzte HK vorsichtig auf ein kleines Sofa in dem luxuriösen Reisebus.

Kurz nachdem wir alle dort Platz genommen hatten, kamen Alan und Denise Jackson aus ihrer Unterkunft und begrüßten jeden von uns herzlich. Alan trug sein typisches Ensemble aus Cowboyhut, kurzer Jeans und T-Shirt und wandte HK seine Aufmerksamkeit zu.

»Hi HK, ich bin Alan Jackson und ich freue mich sehr, dich kennenzulernen. Ich habe gehört, dass du eine ganz besondere Persönlichkeit bist und einer meiner größten Fans.«

»Hi Alan, ich bin HK und ich freue mich auch, dich kennenzulernen.«

Während sich die beiden unterhielten, tastete HK instinktiv nach Alans Bein. Das tat er bei den meisten Männern, um zu sehen, ob sie lange oder, wie HK an diesem Abend, kurze Hosen trugen. Als er feststellte, dass Alans Hose ebenfalls kurz war, sagte er: »Ich dachte, Sie tragen immer lange Hosen mit Löchern an den Knien!«

»Ich habe ja noch frei. Aber nachher, vor meinem Auftritt, ziehe ich mich noch um.«

»Welche Lieder singen Sie heute Abend?«

»Das weiß ich jetzt noch nicht genau, HK, aber ich überlege es mir, bevor ich auf die Bühne gehe.«

»Singen Sie doch Ihren großen Hit *It's Five O'Clock Somewhere*!«

»Vielleicht werde ich das tun.«

»Alan, erzählen Sie dem Publikum, dass ich heute Abend da bin? Sie wissen ja, ich bin berühmt.« Alle lachten, auch Alan.

»Vielleicht werde ich auch das tun, HK.«

Die Jacksons waren so warmherzig und sympathisch, dass wir über eine Stunde mit ihnen zusammen waren. Denise schoss mit Brendas Digitalkamera ein Gruppenfoto, das uns nun immer an diesen ganz besonderen Abend erinnert und gut sichtbar an unserem Kühlschrank hängt.

Nachdem man HK wieder in seinen Rollstuhl gesetzt hatte, wurden wir durch die Sicherheitsabsperrungen geführt und zu einem besonderen Zuschauerbereich auf der Bühne gebracht, direkt hinter der Hausband. Es war, als säßen wir beim Superbowl direkt neben der Mittellinie. Nach Auftritten von Porter Wagner, Little Jimmy Dickens, den Whites, Vince Gill und Steve Warner schlenderte unser neuer Freund Alan Jackson unter dem lauten Jubel seiner treuen Fans lässig auf die Bühne. Er trug Jeans mit Löchern in beiden Knien und begann seinen Hit *It's Five O'Clock Somewhere* zu schmettern, sehr zur Freude seines ganz besonderen Freundes. Als die letzten Töne kaum verklungen waren, widmete Alan Jackson das Lied seinem berühmten Freund HK, der hinten auf der Bühne saß. Ich bin sicher, HK bewahrt diese exklusive, im Leben einmalige Erinnerung für immer in seinem Gedächtnis.

21

DER WELTBESTE BLINDE PILOT

Im Rückblick wird erkennbar, dass 2003 für HK und mich einen Wendepunkt markierte. In jenem Jahr wurde mein neuer, bester Freund 13 Jahre alt und begann, das pralle Leben zu erfahren, wie ich es mir in seinem Alter nie hätte vorstellen können. Er war zwar nun Teenager, sah aber viel jünger aus. Manchmal tätschelten ihm Leute den Kopf und sprachen mit ihm wie mit einem kleinen Kind, aber das kümmerte ihn nicht. Er war voller Neugier und Staunen und immer für neue Herausforderungen zu haben.

Ein Teenager zu werden, war eine große Sache für HK, vor allem weil Brenda alle Register zog: Sie bereitete eine superbesondere Geburtstagsparty in einem seiner Lieblingsrestaurants in Brentwood vor und sagte allen, Geschenke seien nicht unbedingt nötig, wohl aber solle bitte jeder eine lustige Geburtstagskarte mitbringen. Denn HK liebte Geburtstagskarten!

Nach der perfekten Karte zu suchen, gehörte zu seinen Lieblingsbeschäftigungen beim Einkaufen. Wir konnten Stunden in unserem Hallmark-Kartenladen verbringen – und am Wochenende darauf gleich wieder hinfahren, um die neue Lieferung zu begutachten. Und selbst dann dauerte seine Suche nach genau dem richtigen Spruch für einen besonderen Freund oft eine halbe

Stunde oder länger – und das in nur *einer* Abteilung der Neuzugänge, wo ich ihm einen Spruch nach dem anderen vorlas. Ihm gefielen die Karten mit Musik, aber vor allem wollte er genau die passende Karte finden, meist die, über die er am meisten lachen musste.

Hatte er die perfekte Karte gefunden, bestand die Herausforderung darin, ihn davon abzuhalten, dem Empfänger – meist Grammy oder einem Freund – davon zu erzählen. Er konnte einfach kein Geheimnis für sich behalten. Meist wusste die Person schon Wochen vorher, dass sie eine Karte bekommen würde, und meist kannte sie auch schon den genauen Wortlaut darin. HK rechtfertigte sein Ausplaudern gern mit den Worten: »Sie muss doch schon vorher wissen, dass sie eine Karte bekommt, sonst ist es zu schwierig, auf den großen Tag zu warten.«

Am ersten Juliwochenende trafen sich Pearl, Brenda und ich und zwölf von HKs engsten Freunden, um seinen 13. Geburtstag zu feiern. Ein Gast brachte eine selbst gebastelte Karte mit, die eine Überraschung enthielt, die dem Geburtstagskind die Sprache verschlug. Der Ort Grand Rivers in Kentucky hat 343 Einwohner und ist Heimat des preisgekrönten Touristenrestaurants *Patty's 1880's Settlement*, das 185 Kilometer nördlich von Nashville am Ufer des Kentuckysees liegt, der den Nationalpark *Land Between the Lakes* umrahmt. Und HKs Freund Gary Waller fand, ein Besuch bei *Patty's* sei das perfekte Geburtstagsgeschenk für den frischgebackenen Teenager – besonders deshalb, weil auch sein erster Flug dazugehören würde.

Weil HK sich noch immer von seiner Bein-OP erholte, konnte die Geburtstagsreise erst vier Monate später stattfinden. Aber an einem klaren, eisigen Samstagmorgen Ende Oktober war es schließlich an der Zeit für sein lang ersehntes Flugabenteuer. Es war ein herrlicher Herbstmorgen, sonnig und ohne ein Wölkchen am Himmel. Die Bäume standen in ihren schönsten Farben aus dunklem Orange, Gold-Gelb und Feuerrot. Es war windstill und trotz schweren Frosts in der Nacht zuvor sollten die Temperaturen laut Vorhersage gegen Nachmittag über 15 Grad klettern. Ein perfekter Tag zum Fliegen.

Gary und sein Schwager, der Pilot und Flugzeugbesitzer Chris Peugeot, HK und ich trafen uns am *John C. Tune Airport*, einem kleinen Flughafen etwa 13 Kilometer westlich der Innenstadt von Nashville, auf dem meist firmeneigene und private Flugzeuge abgefertigt wurden. Die kalte Morgenluft – dem Schild einer nahen Bank zufolge waren es drei Grad – ließ uns alle frösteln, als wir aus unseren wohlig warmen Autos stiegen.

Als wir eintrafen, unternahm Chris gerade den Routinecheck vor dem Flug. Er hatte eine einmotorige Maschine aus dem Hangar geschleppt und vollgetankt. Als wir in den kleinen Flieger kletterten, zweifelte ich ernsthaft daran, dass vier erwachsene Männer und ein Teenager wirklich bequem in den winzigen Innenraum passen würden. Aber unser erfahrener Pilot platzierte uns so, dass uns genügend Luft blieb. Chris nahm vorne links Platz – auf dem Pilotensessel; HK schnallte ich rechts vorne auf dem Co-Pilotensitz fest. Gary und ich setzten uns direkt hinter ihn, sodass sein Schwager allein auf der Rückbank saß.

Bevor Chris die Maschine startete, erklärte er HK genau, was uns erwartete. Dann nahm er HKs linke Hand und führte sie vorsichtig über jedes Messgerät und jeden Kippschalter und erklärte ihm dabei alle Funktionen, sodass er ertasten und begreifen konnte, wie wichtig sie jeweils für die Flugsicherheit waren. HK wurde immer ernster. Ich fragte mich, ob er in sich Angst aufsteigen spürte.

Dann setzte Chris HK vorsichtig den Kopfhörer für den Co-Piloten auf. Dieser umschloss beide Seiten seines Gesichts, sodass sein kleiner Kopf aussah wie die Füllung eines riesigen Oreo-Kekses. Chris erklärte seinem Co-Piloten, wie der Kopfhörer funktionierte und dass er die Flugsicherung des 25 Kilometer entfernten Flughafens von Nashville würde hören können.

»Aber nur ich kann mit ihnen reden«, sagte er. »Du sprichst während des Fluges mit mir.«

Mit dem Anflug eines Lächelns erklärte Chris: Wenn er selbst, der Pilot, nicht mehr in der Lage sein sollte, den Flug zu beenden, sei es die Verantwortung des Co-Piloten, alle sicher auf den Boden zu bringen. Ohne ein Wort zu sagen, lauschte HK den letzten Anweisungen des Piloten. Nach der kurzen Einführung fragte Chris: »HK, meinst du, du bist ein guter Co-Pilot und kannst das Flugzeug sicher steuern?«

»Ja, da bin ich sicher. Ich bin der weltbeste blinde Pilot«, erwiderte er ruhig.

Die kleine Maschine wackelte und klapperte, als Chris den Motor startete. Eine weiße Qualmwolke stieg von der Motorhaube auf. Nach ein paar Minuten Leerlauf wurde der Motor ruhiger und – zu meiner großen Erleichterung – der Qualm verschwand. Als weitere Vorsichtsmaßnahme ging Chris ein letztes Mal seine Checkliste durch und dann waren wir bereit zum Abflug.

»Wir sind startklar. HK, bist du bereit?«, fragte er.

»Ich bin bereit!«

Chris rollte auf die Startbahn, gab Vollgas und bald hoben sich die Räder vom Boden und wir gingen in die Luft.

Das Flugzeug stieg gen Norden auf und außer unserem Co-Piloten hatten alle einen prächtigen Blick über die charakteristische, 15 Kilometer entfernte Skyline von Nashville. Die unverkennbare

Doppelspitze des metallischen Wolkenkratzers von AT&T, dem »Batmangebäude«, glänzte in der frischen Morgenluft wie leuchtende Signalfeuer. Wir erreichten recht bald unsere Flughöhe von etwa tausend Metern und das leuchtend bunte Laub der Herbstlandschaft raubte mir den Atem.

Nach dem Start sah ich zu HK hinüber. Ich fragte mich, ob er ins Schaukeln verfiel, was ihn bei Aufregung oft überkam. Nicht einmal ein Zucken! Er war standhaft wie Gibraltar und vollkommen eingenommen von seinen Pflichten als Co-Pilot. Er lauschte den Unterhaltungen im Kopfhörer und blieb so still wie eine Maus an Heiligabend. Während ich ihn so beobachtete, versuchte ich mir vorzustellen, welche Gedanken ihm durch den Kopf gehen mochten. Ich erinnere mich noch, dass ich mich konkret fragte, ob Gott ihm irgendwie erlauben würde, die majestätische Schönheit der Erde unter uns und die unendliche Weite des Himmels über uns wahrzunehmen.

Chris erhielt Anweisungen von der Anflugleitstelle in Nashville, bis wir den Luftraum von Nashville verließen. Dann waren wir auf uns allein gestellt, flogen nach Sichtflugregeln und Chris bestimmte, wo es langging. Nachdem wir unsere gewünschte Flughöhe erreicht hatten und auf dem richtigen Kurs zu unserem Ziel waren, sagte er zu seinem Co-Piloten: »HK, bist du bereit, uns nach Kentucky zu fliegen?«

»Ich bin bereit!«

Nach ein paar weiteren Anweisungen sagte Chris: »HK, jetzt bist du der Pilot!«

Wir erfuhren nie, ob unser Co-Pilot wirklich die Maschine steuerte oder nicht, aber HK nahm seine Verantwortung überaus ernst. Er umklammerte das Steuerhorn so fest, dass seine Knöchel weiß wurden und sein ganzer Körper sich versteifte. Er schien wie gebannt durch das Cockpitfenster zu starren, als wache er über alles, was unserem sicheren Flug Richtung Norden in die Quere kommen konnte.

Eine Stunde später näherten wir uns dem kleinen Flughafen in Kentucky. Der Co-Pilot ließ die Steuerung los, als Chris den Flughafen informierte, dass wir in Kürze landen würden. Ich war mir ziemlich sicher, dass der angespannte Co-Pilot dankbar war für die Pause, denn mit Sicherheit taten ihm schon die Hände weh von der Umklammerung des Steuerhorns.

Chris fuhr mit uns auf einen ausgedehnten Parkbereich für Flugzeuge und blieb schließlich neben einem größeren rot-weißen Flugzeug stehen. Er stellte die Maschinen ab, drehte sich zu HK um und fragte:»Hat dir unser Flug gefallen?«

»Ja. Und ich habe das Flugzeug gut gesteuert, oder?«

»Sehr gut sogar! Du hast uns hervorragend hierher gebracht.«

Ein kleiner, untersetzter Mann in Western-Kleidung kam auf unsere Gruppe zu, als wir das kleine Terminal betraten. Sein tiefschwarzes Haar mit den leicht angegrauten Schläfen war zurückgekämmt und glänzte, als wäre es noch feucht vom großzügig aufgetragenen Gel. Er trug ein weißes Westernhemd mit auffälligen Knöpfen, eine gestärkte Levi's Bootcut-Jeans mit durchgehender Bügelfalte und blaue Cowboystiefel mit verzierten Silberspitzen. Er sah aus wie ein gealterter Rodeo-Star. Es fehlte nur ein überdimensionaler Cowboy-Hut.

»Ist das die Geburtstagsgesellschaft von HK Derryberry?«, fragte er.

»Ja, ich bin HK, und ich feiere heute Geburtstag.«

»Schön, dich kennenzulernen, HK. Ich bin Harold. Ich fahre euch zu *Patty's*.«

»Ich freue mich auch, dich kennenzulernen, Harold. Wann bist du geboren?«

»Am 12. September 1957.«

»Das war ein Donnerstag.«

»Willst du mich auf den Arm nehmen?«

Alle kletterten auf die beiden Sitzbänke in Harolds geräumigem und glänzend poliertem GMC Yukon und wir fuhren die zehn Minuten lange Strecke zu *Patty's,* einem jahrhundertealten Wahrzeichen, das berühmt war für seine üppigen Schweinekoteletts und das hausgemachte Brot, das in blumentopfähnlichen Behältern gebacken wurde. Der Wagen hielt direkt vor dem Restaurant. Harold drehte sich zu unserem Ehrengast um und sagte: »HK, du musst unbedingt Nachtisch bestellen. Der ist hier überirdisch gut.«

»Das mache ich, Harold. Danke fürs Fahren.«

Eine lächelnde Bedienung im bunten Blumenkleid begrüßte uns, als wir das Restaurant betraten. Sie warf HK einen Blick zu und sagte: »Du musst unser Geburtstagskind sein!«

»Ja, ich heiße HK. Sind wir uns schon mal begegnet?«

»Das glaube ich kaum, du süßer Fratz.«

»Wie heißt du?«

»Barbara.«

»Wann bist du geboren, Barbara?«

Stirnrunzelnd warf sie Gary und mir einen Blick zu und erwiderte dann zögerlich: »Am 20. März 1948.« Dann vollführte HK sein übliches Kunststück und sagte ihr, sie sei an einem Samstag geboren worden.

»Ich bin wirklich verblüfft«, murmelte sie.

Sie begleitete unsere kleine Gruppe in einen abgegrenzten Eckbereich. Anschließend berührte sie HK vorsichtig am Arm und sagte: »HK, es ist mir eine Ehre, dich kennenzulernen. Ich wünsche dir noch einen wundervollen Geburtstag.«

Wenige Minuten später erschien unsere eigentliche Kellnerin und stellte sich vor: »Wer feiert hier heute Geburtstag?«

»Ich bin HK und das ist meine Geburtstagsparty. Sind wir uns schon mal begegnet?«

»Nein, bisher nicht.«

»Wann bist du geboren?«

Sie nannte ihm das Datum und er erwiderte spontan: »Das war ein Freitag.«

»Das klingt beeindruckend, mein Lieber. Stimmt das denn auch?«, fragte sie.

Wie aus einem Mund antworteten alle am Tisch: »Ja, er irrt sich nie.«

Sie verschwand, kam aber schnell mit mehreren Kollegen zurück, die HK gern kennenlernen wollten. Er verriet jedem, an welchem Wochentag er als nächstes Geburtstag hatte, an welchem Tag er geboren war und informierte eine Dame sogar darüber, dass das Basketballteam der Universität von Kentucky im Jahr 1995 an ihrem Geburtstag die Mannschaft der Universität von Tennessee geschlagen hatte. Alle verabschiedeten sich lächelnd und schüttelten staunend den Kopf.

Unsere Kellnerin empfahl uns das Top-Gericht bei *Patty's* und wir beschlossen alle ausdrücklich, ihrem Vorschlag zu folgen. Mit fünf identischen Bestellungen für die Spezialität des Hauses – einem 350 Gramm schweren Schweinekotelett, Haussalat und gebackener Kartoffel – kehrte sie in die Küche zurück. Wenige Augenblicke später kam das hausgebackene Brot in den für das Restaurant typischen Blumentöpfen. »Sind in dem Brot auch Blumen drin?«, fragte HK lachend.

Das Geburtstagsessen übertraf unsere kühnsten Erwartungen. Es war vielleicht das erste Mal, dass HK ein ganzes Schweinekotelett gegessen hat, zumindest eines von dieser Größe. Wie immer vertilgte er jeden Bissen und strich zum Abschluss mit den Fingern über den gesamten leeren Teller, um ja keinen Krümel übrig zu lassen.

Als alle fertig waren, räumte unsere Bedienung den Tisch ab und verschwand in der Küche. Vom Dessert war nie die Rede gewesen, aber nun erschien sie mit einem großen Stück Geburtstagstorte, so groß, dass es einen ganzen Essteller füllte. Im Tortenboden waren Schokoladenstücke, darauf waren Kaffeeeis, Nüsse, Karamell und Schlagsahne angerichtet und ganz oben prangte eine große, rote Kirsche. In der Mitte steckte eine einzelne Geburtstagskerze.

Sie gab uns fünf Gabeln und zusätzliche Teller und kurz darauf stimmten die Restaurantangestellten eine Südstaaten-Version von *Happy Birthday* an. Mit ein wenig Hilfe blies HK die Kerze aus und wir alle probierten ein Stückchen vom dekadenten Nachtisch. HK aß den Rest.

Wir dankten unserer Kellnerin für ihre hervorragende Bedienung und als wir uns verabschiedeten, sagte HK dem gesamten Personal, dass er sein Essen genossen habe und allen einen gesegneten Tag wünsche.

»Verehrte Damen, Sie sehen alle keinen Tag älter als 18 aus«, witzelte er mit todernster Miene.

Harold wartete in seinem geräumigen Yukon vor der Tür, um uns zurück zum Flughafen zu bringen. Wir verließen Kentucky an jenem Nachmittag genauso, wie wir am Morgen Nashville verlassen hatten. Als wir sicher in der Luft waren und unsere Flughöhe erreicht hatten, überließ Chris die Kontrolle für den Rückweg wieder seinem erfahrenen Co-Piloten, der erneut einen tadellosen Flug absolvierte.

Als wir in Garys Wagen zu uns nach Hause fuhren, hörten HK und ich zu, wie Gary seiner Frau jede Minute unseres Abenteuers beschrieb. Am Ende seines Berichts sagte er: »Er hat uns gut nach Kentucky gebracht, aber auf dem Rückflug hat er glatt zwei Bussarde überflogen.«

»Gary, das ist nur ein Witz, oder? Ich habe doch nicht wirklich zwei Bussarde überflogen?«

»Nein, ich denke, sie sind gerade noch rechtzeitig abgebogen«, sagte Gary mit ernster Miene.

Die Erinnerung an dieses besondere Geburtstagserlebnis wird HK den Rest seines Lebens begleiten. Er erinnert sich an das aufregende Flugabenteuer, als wäre es erst gestern gewesen. Er bedankt sich regelmäßig bei Gary für diese unübertroffene Geburtstagsüberraschung – und Gary erinnert ihn dann jedes Mal an das knappe Entkommen der beiden Bussarde.

22

STOLZ, ROTARIER ZU SEIN

Rotary International ist eine weltweit aktive, gemeinnützige Organisation, die Geschäftsleute für humanitäre Aufgaben zusammenbringt, dazu ermutigt, in allen Berufsgruppen hohe ethische Werte zu leben, und die weltweit für Völkerverständigung und Frieden eintritt. Mein Bezug zu den Rotariern hat in meinem beruflichen wie privaten Leben eine entscheidende Rolle gespielt. Ich gehöre zu den Gründungsmitgliedern der Rotarier in Brentwood, war ihr dritter Präsident und bin jetzt seit beinahe 25 Jahren dort aktiv. Wir treffen uns als Klubmitglieder, meist Geschäftsleute aus dem Ort, jeden Mittwochmorgen eine Stunde lang zu Frühstück, Austausch und dem Vortrag eines Gastredners.

Während der Sommerferien war HK je nach Pearls Schichten häufig gezwungen, viel Zeit in der Imbissstube zu verbringen. Im Sommer nachdem ich HK kennengelernt hatte, bekam ich von den Rotariern grünes Licht, ihn zu unseren wöchentlichen Klubtreffen mitzubringen. Es war eine gute Möglichkeit, dass er etwas anderes als die Imbissstube sah, wenn Pearl arbeiten musste.

Dank seines Temperaments, seines Humors und seines ansteckenden Lächelns eroberte er schnell das Herz eines jeden Klubmitglieds. Er war so inspirierend für die Gruppe, dass der Vorstand ihn zum ersten Ehren-Rotarier ernannte, ein Titel, den er heute noch in Ehren hält. Die Ehrenmitgliedschaft erlaubt ihm, so viel zu frühstücken, wie er will, ohne Beiträge zu leisten.

Nicht lange danach beschloss unser Rotary-Vorstand, ihn zu Weihnachten zu überraschen: mit einem brandneuen Laufband. Dieses Sportgerät sollte ihm die richtige Unterstützung bieten, damit sein Muskeltonus, seine Kondition und seine Lauffähigkeiten sich verbesserten. So konnte er seine wöchentliche Physiotherapie in der *Vanderbilt*-Klinik das ganze Jahr über durch eigenes, regelmäßiges Training ergänzen.

Pearl war einverstanden und so brachten sechs Rotarier und ich Mitte Dezember eine besondere Lieferung zu ihr nach East Nashville. Ich erinnere mich lebhaft, dass wir das Haus bei den gemütlichen Klängen von Gene Autrys Version von »Rudolph the Red-Nosed Reindeer« betraten. Als wir das Laufband entluden und zusammenbauten, kamen wir nicht umhin zu bemerken, wie spärlich das Haus möbliert war. Es gab weder Tisch noch Stühle in der Küche und auch sonst nirgendwo. Zudem fehlte ein Herd in der Küche. HK erzählte uns später, dass sie sich häufig Essen von *Mrs Winner's* mitbrachten und gelegentlich bereite Pearl eine einfache Mahlzeit auf einer Doppelkochplatte zu. In einem kleinen Zimmer stand für beide ein Bett und an den Wänden waren fast bis zur Decke Kisten gestapelt. Die beiden Matratzen waren die einzigen weichen Gegenstände, die ich im ganzen Haus ausmachen konnte.

Die Rotarier-Elfen des Weihnachtsmanns schalteten in den Turbogang und kehrten wenige Tage später nach East Nashville zu Pearl zurück. Diesmal lagen andere Überraschungen auf ihrem Schlitten. Durch den neuen Tisch mit vier weich gepolsterten Stühlen und das neueste Herdmodell mit vier Kochplatten,

Backofen und integriertem digitalem Temperaturregler wirkte die karge Küche völlig verwandelt.

Aber das war noch nicht alles. Eine letzte Überraschung wartete noch auf ihre Empfänger: Als HK am nächsten Tag in der Schule war und Pearl arbeitete, fuhren Stu Brandt und ich zum Haus und strichen fünf Stunden lang die triste Küche strahlend weiß. Pearl und HK kamen gerade in die Einfahrt gefahren, als wir mit dem Auswaschen der Pinsel fertig waren. Pearl war sprachlos und völlig überwältigt von dieser Weihnachtsüberraschung. HK, der nie um Worte verlegen ist, lobte die beiden Hobbymaler, als könnte er ihr großartiges Kunstwerk sehen: »Unsere Küche ist die schönste Küche der Welt! Mr Bradford, Sie und Stu haben ganze Arbeit geleistet.«

Unser Rotary-Club hat um Weihnachten herum immer viele Hilfseinsätze. Seit Langem richten wir die jährliche Weihnachtsfeier für sozial benachteiligte Kinder im Kinderheim der Baptistengemeinde mit aus. Es liegt am Rand der Innenstadt von Brentwood auf einem großzügigen Gelände mit vielen Bäumen und beherbergt elternlose Kinder und solche, die nicht bei ihren Eltern oder anderen Verwandten leben können.

Jedes Jahr im Dezember treffen sich die Rotarier an einem vorher vereinbarten Samstagvormittag in einem Kaufhaus im Ort, um Geschenke einzukaufen. Wir können immer auf die Unterstützung der Geschäftsführung zählen, die vor dem Einkauf großzügig Kaffee und Donuts bereitstellt, bestimmte Kassen nur für Rotarier öffnet und uns vor allem Rabatte auf alle Einkäufe einräumt.

HK hat ein emotionales Verhältnis zu Kindern und um nichts in der Welt würde er diesen jährlichen Einkauf der Rotarier verpassen wollen. Als HK zum ersten Mal dabei war, ernannte ihn der Projektleiter zum *Chefelfen* der Einkäufer, einen Titel, den er seither jedes Jahr wieder erhielt. HK wandte sich an jenem Tag an die versammelten Rotarier und sagte:»Ich bin stolz, Rotarier zu sein. Die heutigen Einkäufe dienen einem guten Zweck, also setzen Sie Ihr Geld klug ein!«

Wir beide gingen gemeinsam auf Shoppingtour und suchten nach Geschenken, die passend waren für Jungen in seinem Alter. HK behauptete, die besten Geschenke für Teenagerjungs zu kennen. Beim Einkauf bestand er darauf, dass ich ihm Farbe, Art und Größe jedes Geschenks, das zur Auswahl stand, detailliert beschrieb. Er nahm jeden Gegenstand vorsichtig in die Hand und untersuchte ihn mit den Fingern, bevor er seine Entscheidung traf. Wenn ihm alles zusagte, erklärte er schließlich:»Das ist das passende Geschenk für unsere Jungs.«

Die Teams legen vorher immer einen bestimmten Betrag für jedes Kind fest. Während des Einkaufs mussten daher alle ständig nachrechnen, wie teuer die Waren im Einkaufswagen schon waren, um das Budget nicht zu überschreiten – nur wir nicht. HK, der menschliche Taschenrechner, hielt den bereits ausgegebenen Betrag und das verbliebene Budget stets auf aktuellem Stand. Ich fühlte mich wie beim Einkauf mit einer lebenden Kasse. Wenn wir den finanziellen Rahmen ausgeschöpft hatten, mahnte er sofort: »Mr Bradford, mehr dürfen wir nicht ausgeben!«

HK kümmerte es nicht, dass wir als letztes Team unsere Aufgabe erledigt hatten. Er verkündete allen, die in Hörweite waren, wir seien die weltbesten Einkäufer. Als wir schließlich zur Kasse kamen, wandte er sich noch an unsere Kassiererin:»Ich danke Ihnen, dass Sie auf mich und Mr Bradford gewartet haben, denn man braucht viel Zeit und Geduld, um die besten Geschenke auszusuchen! Wir beide sind echt die Super-, Super-, Supereinkäufer!«

Sie zwinkerte mir zu und lachte.

Am Donnerstagabend nach unserem Shoppingausflug trafen wir uns als Rotarier zur jährlichen Weihnachtsfeier im Kinderheim, das nur wenige Kilometer südlich von Brentwood liegt. HK und ich, unsere Rotarierfreunde, andere Spender, die Angestellten des Kinderheims und einige wenige Familienmitglieder freuten sich immer auf dieses besondere Fest. Ein köstliches Abendessen gehörte genauso dazu wie musikalische Darbietungen und die Bescherung, die nicht nur die beschenkten Kinder, sondern auch die Schenkenden mit einer unbeschreiblichen Freude erfüllte.

Höhepunkt der Feier war zweifellos, als die Kinder ihre Geschenke öffneten. HK suchte den Kontakt und unterhielt sich mit vielen Kindern, wenn sie ihre Geschenke öffneten, vor allem mit den Jungen. Er erklärte ausführlich, wie er persönlich jedes Geschenk ausgewählt hatte, und versicherte jedem, wie zufrieden er mit der Wahl sein würde. Schließlich unterhielt er wie ein erfahrener Entertainer den Saal, indem er etlichen Gästen den Wochentag nannte, an dem sie geboren waren.

Ich werde nie vergessen, was er sagte, als ich ihn nach der Feier zu seiner Oma zurückfuhr: »Es tut mir sehr leid, dass viele Kinder ohne Eltern sind. Es ist traurig, dass sie kein Zuhause haben, wo sie an Weihnachten hinfahren können. Weihnachten ist eine ganz besondere Zeit für Familien. Ich bin froh, dass ich Grammy habe und wir in einem schönen, warmen Haus wohnen.«

23

GÖTTLICHES EINGREIFEN

Die *Harpeth Hills Church* ist eine von vielen Gemeinden in Nashville und Umgebung, die sich an einem Projekt vor Ort beteiligen, das *Room in the Inn* heißt – *Platz in der Herberge.* Es findet jedes Jahr von November bis März statt. Während dieser Wintermonate kümmern sich die Gemeinden um eine Gruppe obdachloser Männer und Frauen und halten eine heiße Mahlzeit und einen warmen Schlafplatz für die Nacht für sie bereit. Eine Gruppe ehrenamtlicher Mitarbeiter bietet donnerstagabends im Familienzentrum 14 Männern eine warme Mahlzeit, eine bequeme Unterkunft, eine Dusche, Möglichkeiten zum Wäschewaschen, Zugang zu einer Kleiderkammer und ein herzhaftes Frühstück am nächsten Morgen.

An einem kalten Donnerstagabend im Februar war ich eingeteilt, um für unsere Gäste aus diesem Projekt da zu sein. Da HK und ich donnerstags immer unseren Männerabend haben, nahm ich ihn mit, auch um ihm eine neue Erfahrung zu ermöglichen, die ihn etwas über die benachteiligten Mitbürger unserer Stadt lehren würde.

Als wir auf den Gemeindeparkplatz fuhren, erzählte ich HK von unseren Abendgästen. Manche hatten gerade eine Pechsträhne, andere waren obdachlos und lebten auf der Straße. Ich gab ihm ein paar Hinweise, wie er sich mit unseren Besuchern unterhalten konnte: »Du kannst gern mit ihnen reden, frag sie nur nicht nach ihren Problemen. Erzähle ihnen etwas aus deinem eigenen Leben und stell ihnen Fragen zu Themen, über die sie vielleicht gern reden, wie ihren Geburtstag oder woher sie stammen.«

Meist haben die jeweiligen Gastgeber das warme Essen schon vorbereitet, wenn die abendlichen Gäste eintreffen. Aber an diesem Abend hatten die Pfadfinder das Kochen übernommen und waren spät dran, sodass die Mahlzeit noch längst nicht fertig war. Als wir das Gebäude betraten, saßen 14 obdachlose Männer zusammen an einem von mehreren großen, runden Tischen in der offenen Halle. Sie tranken Kaffee und warteten geduldig auf ihr warmes Essen. Die unbekannten Stimmen wirkten wie ein starker Magnet auf HKs sensible Ohren.

Ich ließ ihn allein in der Nähe des leeren Büfetts zurück, weil ich mich nach den anstehenden Aufgaben für den Abend erkundigen wollte. Ich sagte, ich käme wieder, sobald ich wisse, was zu tun sei, und dachte, er würde einfach sitzen bleiben und zuhören. Aber ich hätte es besser wissen sollen: Ein Mitarbeiter unterbrach mich mitten im Gespräch und deutete auf HKs Stuhl. Als ich mich umdrehte, sah ich, dass er mit seinen langsamen, kurzen Babyschritten auf die Männerstimmen zulief. Er streckte beide Arme aus, um das Gleichgewicht zu halten, und schwankte beim Laufen vor und zurück. Er bewegte sich wie ein kleiner, menschenähnlicher Roboter.

Ich lief schnurstracks auf ihn zu, aber es war zu spät: Die Männer hatten HK bereits bemerkt und er begann, sich vorzustellen. Ich war gerade bei ihm und legte ihm die Hände auf die Schulter, als er sagte: »Hi, ich bin HK. Seid ihr die Obdachlosen?« Die meisten sagten einstimmig Ja. Ein paar lachten über seine naive Frage sogar. Ein gepflegter junger Mann, vermutlich Mitte zwanzig, der ein wenig fehl am Platz wirkte, sagte:»Hi HK.«

»Wie heißt du?«

»Anthony.«

»Hi Anthony. Warum hast du keine Wohnung mehr?«

Ein paar Männer lachten.

»Ich habe ein paar falsche Entscheidungen im Leben getroffen, HK.«

»Anthony, ich hoffe, dass du dein Haus eines Tages zurückbekommst.«

In dem vagen Versuch, höflich das Thema zu wechseln, ohne irgendjemandem auf den Schlips zu treten, sagte ich zu HK:»Warum erzählst du diesen Herren nicht etwas über dich?« Er erzählte ihnen vom Unfall, wie er überlebt hatte und dass seine Mutter gestorben war, dass er bei seiner Großmutter lebte, mich kennengelernt hatte und zur Schule ging. Seinen Vater erwähnte er mit keinem Wort.

Dann begann er die Männer nach ihren Geburtstagen zu fragen und nannte sofort den Wochentag, an dem sie geboren waren. Sie staunten, wie Leute das immer tun. Aber anders als HKs sonstige Bewunderer hatten diese Männer keine Möglichkeit, dieses überraschende Detail ihrer persönlichen Daten zu überprüfen, es sei denn, sie riefen ihre Familie an. Ich erinnere mich noch, dass ich damals dachte: *Was, wenn die unschuldige Begegnung mit meinem kleinen blinden Freund dazu führen würde, dass diese Männer lange abgebrochene Kontakte zu ihren Familien wieder aufnähmen?* Man weiß nie, wie Gott im Leben dieser notleidenden Männer wirkt.

Schließlich war das Essen gar und heiß. Die Männer liefen am Büfett entlang und luden sich Schinken, frisches Gemüse,

Salat und ofenwarme Brötchen auf den Teller. Ich stellte HK einen Teller zusammen und wir setzten uns an einen Tisch zu unseren besonderen Gästen.

Zwischen den Bissen redete er unaufhörlich und unterhielt alle mit seinem Trommelfeuer an Fragen und witzigen Bemerkungen. Er fragte, woher sie kamen, wie alt sie waren und wie lange sie schon in Nashville lebten. Einige Männer fragte er sogar geradeheraus, ob sie in letzter Zeit mit ihrer Mutter gesprochen hatten, und unterstrich, wie wichtig es sei, die Verbindung zur eigenen Mutter zu pflegen. Ich sah einem der älteren Männer Tränen über die Wange laufen.

Zum ersten Mal seit wir uns kannten, spürte ich die starke Kraft in HKs Worten und seine magnetische Anziehungskraft auf Menschen jeder Couleur und Gesellschaftsschicht. Er erzählte an diesem Abend mutig und ohne Anflug von Bitterkeit oder Verzweiflung die Geschichte seines umkämpften Lebens. Mein hochgeschätzter blinder Freund, der allen Grund hätte, wütend, verzagt oder unglücklich zu sein, strahlte mit seiner Lebensgeschichte stattdessen die Schönheit von ewiger Hoffnung, völliger Erlösung und ungetrübtem Optimismus aus. Seine Botschaft war reines Gold für diese Männer ohne Zuhause.

Als wir später in die kühle Abendluft traten, war ich überzeugt, dass wir aus gutem Grund an diesem Abend bei *Room in the Inn* eingeteilt gewesen waren. Für mich zählte dieser Donnerstagabend zu einem der besten, an die ich mich erinnern konnte – und ich glaube, HK ging es genauso. Ich wäre nicht überrascht, wenn ich eines Tages erfahren würde, dass das Leben eines dieser Männer durch seine Begegnung mit HK an diesem bitterkalten Februarabend eine Wendung genommen hatte.

≈

Seine Berühmtheit verfolgte HK überallhin, selbst in die Kirche. Ein Damengrüppchen hielt jeden Sonntag nach ihm Ausschau, um ihm Küsse voller Lippenstift auf Stirn und Wangen zu drücken. Sein wiederholter Ausspruch: »Sie sehen keinen Tag älter aus als 18!« schadete einer Zukunft mit fortwährender weiblicher Bewunderung gewiss nicht. Manchmal verließ er die Gottesdienste mit so viel Lippenstift im Gesicht, dass ich ihm erklärte, er sehe aus wie Barney aus der *Andy Griffith Show*, wenn seine Freundin ihn bearbeitet hatte. Ich war mir sicher, dass einige Frauen, deren Namen ungenannt bleiben sollen, extra frischen Lippenstift auftrugen, um ein bleibendes Andenken zu hinterlassen. Er genoss die Aufmerksamkeit. Sehr zu Brendas Verdruss lief er so lange wie möglich mit seinem lippenstiftverschmierten Gesicht herum.

Der Kindergottesdienst gefiel ihm gut und im Lauf der Jahre gewann er immer neue Freunde in der Gemeinde. Die Beziehungen zu den anderen Kindern trugen dazu bei, seine mitreißende Persönlichkeit zu formen. Als ich ihn eines Tages aus dem Kindergottesdienst abholte, hörte ich einen Jungen die Bücher des Alten Testaments aufsagen. Zu Hause fragte ich ihn nach dieser Aufgabe.

»Die anderen Kinder sollen die Bücher des Alten Testaments auswendig lernen«, erzählte er mir.

»Und was ist mit dir?«, fragte ich.

»Mir hat die Kindergottesdienstmitarbeiterin die Aufgabe nicht gestellt.«

Ich erwiderte nichts. Ich nahm an, dass die Mitarbeiterin nicht weiter über HKs Behinderungen Bescheid wusste und davon ausging, dass HK nicht in der Lage sein würde, etwas auswendig zu lernen.

Als ich HK am Samstagabend badete, lenkte ich das Thema elegant auf die Aufgabe für den Kindergottesdienst zurück. »HK, glaubst du, du könntest die alttestamentlichen Bücher auswendig lernen? Dann wären die Mitarbeiterin und die anderen Kinder sicher ziemlich überrascht. Vielleicht würdest du sogar von allen in der Gruppe am besten abschneiden.«

Sein kleiner Körper richtete sich sofort auf und er klatschte begeistert lachend in die Hände, sodass das Wasser auf den Badezimmerboden schwappte. Er war keiner, der vor einer Herausforderung kniff, und rief: »Ich bin dabei! Ich weiß, dass ich es schaffen kann!« Prophetisch fügte er hinzu: »Du weißt, dass ich ein gutes Gedächtnis habe.«

Ja, ich wusste, dass er ein gutes Gedächtnis hatte, aber bis dato hatte ich keine Ahnung *wie* gut es war. Ich holte meine Bibel und erklärte ihm, wie wir die gewaltige Aufgabe angehen konnten. Ich las ihm aus dem Inhaltsverzeichnis langsam, deutlich und laut jedes der 31 Bücher des Alten Testaments vor, angefangen bei 1. Mose. Er wiederholte jedes Buch. Wir fuhren fort bis wir am Ende des Alten Testaments angelangt waren. Nach einer halben Stunde sagte er sicher, in der richtigen Reihenfolge und nur mit minimaler Unterstützung jedes Buch von 1. Mose bis Maleachi auf.

»Herzlichen Glückwunsch, HK, du bist fantastisch! Vielleicht hast du gerade den Guinness-Rekord gebrochen und die alttestamentlichen Bücher in der kürzesten Zeit auswendig gelernt!«

»Mr Bradford, glauben Sie, ich habe wirklich den Weltrekord gebrochen?«

»Wahrscheinlich. Willst du noch einen Rekord brechen?«

»Ja, welchen denn?«

»Den für die Reihenfolge der neutestamentlichen Bücher.«

Genau wie vorher arbeiteten wir uns 25 Minuten lang durch die 27 Bücher des Neuen Testaments. Am Sonntagmorgen war er schon früh wach und bereit für seinen großen Wissensbeweis.

»Mr Bradford, kann ich die Bücher der Bibel heute Morgen aufsagen?«

»Das will ich doch hoffen.«

Er lachte, startete ohne zu zögern bei 1. Mose und sagte langsam jedes Buch der Bibel auf, bis er bei der Offenbarung angelangt war. Sein Grinsen verriet mir, dass er hellwach und bereit für die Überraschung im Kindergottesdienst war.

Als wir an diesem Morgen im Gruppenraum ankamen, sagte ich zur Mitarbeiterin: »Guten Morgen, HK hat für dich und die anderen Kinder eine Überraschung.«

Erstaunt sah sie HK an und fragte lächelnd: »Welche Überraschung hast du uns denn mitgebracht?«

»Ich habe die Reihenfolge der biblischen Bücher auswendig gelernt und würde sie gern genau wie die anderen Kinder aufsagen.«

Sie lächelte verblüfft und ein bisschen skeptisch und warf mir einen Blick zu, der eine Mischung aus Neugier und Unsicherheit verriet. Vielleicht hielt sie das Ganze für einen Witz.

»Kinder, seid bitte still und hört gut zu. HK sagt jetzt die Bücher aus dem Alten Testament auf.«

»Miss Jan?«

»Ja HK?«

»Ich möchte nicht die Bücher aus dem Alten Testament aufsagen.«

»Ah, Verzeihung, ich dachte, das meintest du.«

»Ich möchte *alle* Bücher der Bibel aufsagen.«

Sie war eindeutig noch verwirrter als vorher. »O-kay… Das klingt ja ziemlich beachtlich. Dann spitzt bitte die Ohren, Kinder. HK sagt die Bücher aus dem Alten und Neuen Testament auf.«

Ohne zu zögern, legte er los. Mit ruhiger Stimme und demselben Selbstvertrauen wie beim Üben nannte er nacheinander bedächtig jedes Buch. Er zählte alle alttestamentlichen Bücher auf und sprang dann sofort zum Neuen Testament. Während des gesamten Aufsagens erlebte er keinen Krampfanfall, wie er sonst so typisch war für Zeiten großer Anspannung.

Miss Jan bezwang tapfer ihre Tränen und brach in spontanen Applaus aus. Seine überraschten Kameraden fielen sofort mit ein. Sie wären noch beeindruckter gewesen, wenn sie gewusst hätten, dass er diese Aufgabe in 55 Minuten beim Spielen in der Badewanne bewältigt hatte.

Bis dahin hatten Brenda und ich keinen klaren Beweis für HKs beachtliche Gedächtnisleistung gehabt. Wir wussten zwar, dass er sich Daten erstaunlich gut merken konnte und Menschen hervorragend wiedererkannte, aber erst mit dieser Episode begannen seine ungewöhnlichen Fähigkeiten stärker hervorzutreten.

24

WILLIAM KEHRT ZURÜCK

Der Winter 2006 war fast vorüber, als Pearl den Tag missmutig begrüßte, wie sie es fast jeden Morgen in ihrem Leben getan hatte. Heute schien es dafür allerdings keinen erkennbaren Grund zu geben. HK war damals 15 Jahre alt und hatte, wie immer einmal pro Woche, in der Blindenschule übernachtet. Da sie alleine war, konnte Pearl an diesem Morgen ausschlafen.

Die Wettervorhersage versprach Kälte und Regen. Ein weiterer Wintersturm sollte Niederschlag mit sich ins Mittlere Tennessee bringen. Pearl konnte es nicht genau benennen, aber sie hatte so eine Vorahnung. Bei ihr lief alles seinen Gang, aber sie spürte irgendein vages, nicht näher zu bestimmendes Unbehagen. Und das lag nicht nur am trüben Wetter.

Da sie nicht arbeiten musste und sich nichts vorgenommen hatte, musste sie sich mit dem Ankleiden, dem Frühstücken und dem Aufräumen der kleinen Küche nicht beeilen. Am Vormittag klingelte das Telefon und eine raue, unbekannte Frauenstimme meldete sich am anderen Ende der Leitung. Sie stellte sich als eine Freundin von William vor und richtete Pearl eine Nachricht von ihm aus: »Ihr Sohn möchte Sie sehen.« Ohne zu zögern, rief Pearl:

»Er weiß, wo wir wohnen und die Telefonnummer ist noch immer dieselbe.« Es machte *klick* und Pearl hatte das Gespräch beendet. Nach dem Auflegen war ihr einen Moment lang schwindlig. Sie hatte geglaubt, eines Tages von Williams Tod zu erfahren – schon seit Jahren dachte sie, er hätte sich höchstwahrscheinlich zugrunde gerichtet und wäre mit einem Knall aus dem Leben geschieden –, aber sie hatte nicht erwartet, ihn jemals wiederzusehen. Eine Stunde später klingelte das Telefon erneut und am anderen Ende hörte sie Williams vertraute Raucherstimme. Es war zehn Jahre her, seit sie diese Stimme zuletzt gehört hatte.

William erzählte ihr alles Mögliche aus seinem vergeudeten Jahrzehnt. Er fing bei dem Tag an, als Pearl ihn zuletzt gesehen hatte – dem Tag, an dem er von der Tankstelle losgefahren war, um in Columbia zu arbeiten. Er erklärte, er habe nicht die Absicht gehabt, auf Dauer zu verschwinden. Er habe aber an jenem Abend mit dem Lohn in der Tasche Alkohol und Drogen konsumiert und anschließend einen Streifenwagen angefahren. Daraufhin wurde er wegen mehrerer alter und neuer Vergehen verhaftet. Sein wohlmeinender Arbeitgeber und nahezu Freund, der sich immer um ihn gekümmert hatte, bezahlte einen Kautions-Agenten, der für ihn bürgte, damit William aus der Haft entlassen werden konnte. Aber statt die Auflagen für seine Freilassung zu erfüllen, verließ er den Staat, lernte in einer Bar eine Frau kennen und wurde zum neuen Einwohner von Alabama. Er blieb wachsam, wurde mit seiner neuen Freundin sesshaft und verbarg sich fast zehn Jahre lang vor den Gesetzeshütern.

Pearl erzählte, William habe ihr nie gesagt, was ihn zurück nach Tennessee brachte, aber der Ärger verfolgte ihn bis nach Hause. Vielleicht glaubte er, nach zehn Jahren wären alle Erinnerungen verblasst und die Polizei hätte kein Interesse mehr an einem vor langer Zeit entflohenen und verschollenen Straftäter. Vielleicht dachte er nach dem Prinzip *Das Gras ist auf der anderen Seite immer grüner* auch, das Leben in Maury County wäre besser als in Alabama. Vielleicht meinte er, er sähe mittlerweile so verändert aus, dass er sich unerkannt niederlassen könnte. Womit er nicht gerechnet hatte, war sein stetiges Pech, das ihn verfolgte.

Als er eines Tages in einem Fast-Food-Restaurant zu Mittag aß, war seine Schwägerin auch gerade dort. Sie war schockiert, als sie den lange verschollen geglaubten Bruder ihres Ehemanns schwach erkannte. Ohne sich zu erkennen zu geben, suchte sie sich ein Telefon in der Nähe und rief in der Polizeidienststelle an.

Die Polizei kam und nahm William aufgrund einer langen Liste noch ausstehender Vorwürfe erfreut mit in Untersuchungshaft. Ein junger Strafverteidiger erwirkte, dass er aufgrund seiner langjährigen guten Führung auf Bewährung freigelassen wurde. Er ließ sich mit einer neuen Freundin in Maury nieder, arbeitete tagsüber gelegentlich als Dachdecker und lieferte abends Pizza aus.

Aber bald weckte das zusätzliche Geld in der Tasche Williams alte Laster. Er lieferte alkoholisiert Pizza aus und wurde wegen Trunkenheit am Steuer festgenommen. Dieser Vorfall bedeutete eine Verletzung seiner Bewährungsauflagen und damit wurden alle vorherigen Anschuldigungen wieder aufgenommen. Er kam sofort in Untersuchungshaft und landete schließlich fast ein Jahr lang im Staatsgefängnis.

Danach brauchte er dringend eine Bleibe und hatte niemanden, an den er sich wenden konnte. Deshalb rief er Pearl an. In etwa 30 Tagen sollte er Freigang bekommen.

Pearl erinnerte sich, wie es mit William unter demselben Dach gewesen war, und wollte das nicht noch einmal erleben. Er war Kettenraucher und Drogen hatte sie früher auch schon bei ihm gefunden. Sie wollte ihn nicht im Haus haben, vor allem nicht, da HK unter heftigen Asthma- und Bronchitisattacken litt. »Das kommt nicht infrage«, sagte sie ihm.

Stattdessen hatte sie eine spontane Idee und erzählte ihm davon: Sie brauche mehr Lagerfläche im Garten und habe schon überlegt, sich ein Gartenhaus zu kaufen, aber das sei zu teuer. Wie wäre es, wenn sie das Material besorgen und er ihr ein kleines Holzhaus bauen würde, in dem er drei Monate leben könnte? Sie dachte, in der kurzen Zeit könnte er es nicht allzu schlimm verschandeln. Anschließend würde er woanders hinziehen und ihr ein fast neues Gartenhaus hinterlassen. Dankbar nahm er ihr Angebot an.

Ich habe nie gehört, dass dieses Wiedersehen von Mutter und Sohn an diesem Dienstag, dem 3. März 2006, besonders emotional gewesen wäre, und ich denke, ich kann mit einiger Gewissheit behaupten, dass es das wohl auch nicht war. HK erzählte mir aber, sein Vater habe ihn umarmt und gesagt: »Ich baue mir ein Dach über dem Kopf!« HK erinnert sich, dass er sich darauf freute, ein wenig über seinen Vater zu erfahren.

Eine Fähigkeit, die William mitbrachte, war das Schreinern, und so entstand in Pearls Garten innerhalb weniger Tage ein schickes, grau-weißes Gartenhaus mit einer Größe von zweieinhalb mal dreieinhalb Metern. William hatte drei Monate lang ein Zuhause und eine Postadresse. Das einzige Problem war, dass ihm Wasser und Strom fehlten. Pearl erlaubte ihm, das Haus zu betreten, wenn er duschen oder aufs Klo gehen wollte, und er beschlagnahmte ein Verlängerungskabel, damit er sich in seiner Hütte Licht machen konnte. Das Arrangement schien für alle Beteiligten zu funktionieren, aber es war nach wie vor zeitlich begrenzt.

Es dauerte eine Weile, bis alle sich daran gewöhnt hatten, dass William wieder da war. Vor allem HK brauchte seine Zeit. Nicht lange nach der Rückkehr seines Vaters nahm ich eine negative Veränderung in seiner sonst so übersprudelnden Persönlichkeit wahr. Er wirkte in sich gekehrt und zerstreut und schien mit irgendetwas zu hadern. Ich befürchtete schon ein unerkanntes medizinisches Problem. Aber als ich mehr mit ihm darüber sprach, hatte ich ihre Situation zu Hause besser vor Augen. »Grammy lässt ihn nicht im Haus rauchen, das passt ihm aber nicht. Deshalb schreien er und Grammy sich dauernd an.«

William ging Pearl auf die Nerven und sie zählte schon unruhig die Tage bis zu seinem Umzug. Sie hatte keine Ahnung, wohin er ziehen würde, aber darum machte sie sich keine Gedanken. Sie wusste nur, dass sie seine aufbrausende, unkontrollierbare Wut und ihre negativen Auswirkungen für sie und HK bald wieder los sein würde.

Wenn Pearl sich an Samstag, den 20. Mai 2006, erinnert, beginnt sie noch immer zu zittern. Es war einer der seltenen Momente, in denen William guter Dinge war und ins Haus kommen durfte. Die zerstrittene Familie saß am Küchentisch und sah eine Fernsehaufzeichnung der *Preakness Stakes* an, dem zweiten von drei Pferderennen um die *Triple-Crown-Trophäe*. William hatte immer über Schmerzen vom Schleppen der Schindeln bei seinem Dachdeckerjob und von anderen schweißtreibenden Arbeiten geklagt, die andere Tagelöhner an ihn weitergereicht hatten. Er kümmerte sich nie um seine Gesundheit und ging nur selten zum Arzt. Während des Pferderennens klagte er mehr als sonst über seine Schmerzen, vor allem im Brustbereich. Pearl brachte ihm eine Aspirin und ein Glas Wasser, aber die Schmerzen in der Brust wurden immer stärker. Niemand wusste zu dem Zeitpunkt, dass

William einen Herzinfarkt hatte. Er überlebte und kehrte mit zwei Gefäßstützen, die seine verstopften Arterien offen hielten, nach Hause zurück. Das Krankenhaus setzte ihn nach nur einem Tag vor die Tür, nachdem er das Personal beleidigt, beschimpft und bedroht hatte.

Es war ein Weckruf für alle, außer für William. Er rauchte weniger, frönte aber weiterhin unbekümmert allen anderen Lastern wie Alkohol und Drogen. Die unangenehmste Folge des Notfalls war, dass er angesichts seiner Herzprobleme nicht mehr bereit war, sich eine andere Bleibe zu suchen. Er hatte einen alten Wagen, null Verpflichtungen und absolut keine Motivation, sein Gartennest zu verlassen. Eine bescheidene Behindertenrente flatterte nun monatlich mit der Post ins Haus und es schien, als würden Pearl und HK ihn bis auf Weiteres nicht mehr los.

Pearl erlebte ihn hin und wieder in guter Verfassung, aber dann wieder klagte sie: »Er ist eine riesige Nervensäge!« Nur selten kam er ins Haus, es sei denn, er wurde eingeladen. Er zog es vor zu essen, zu duschen und seine Kleidung zu waschen, wenn niemand sonst zu Hause war. Pearl glaubte, er habe in den letzten Jahren das Trinken aufgegeben, weil HK den Geruch von Alkohol in seiner Nähe nicht ertrug. William verließ sich auf das Wohlwollen fremder Menschen, Freundinnen und Kneipenbekanntschaften und kümmerte sich um nichts. HK erzählte einmal, dass morgens immer derselbe Reifen seines Wagens platt war. Statt ein paar Dollar zu bezahlen und ihn flicken zu lassen, pumpte er ihn nur mit einer alten Fahrradpumpe wieder auf, wenn er irgendwohin fahren musste.

Es war ein Segen, dass HK seine prägenden Jahre bereits hinter sich hatte, als William wieder in sein Leben trat. Pearl hatte ihren Enkel durch Ermutigung und Lob geprägt und dieses Fundament wurde durch nichts erschüttert, was William tat oder sagte. HK spricht nicht viel von seinem Vater, aber wenn doch einmal etwas aus ihm herausplatzt, klingt es, als seien die Rollen von Vater und Sohn vertauscht. Er hat schon öfter zu mir gesagt: »Mein Vater hat in seinem Leben ein paar echt dumme Entscheidungen getroffen. Ich wünschte, er würde sein Leben endlich auf die Reihe kriegen.« Ich fürchte, HK war schon mit unflätigen Ausdrücken, Verbitterung, Wut und heftigen Stimmungsschwankungen konfrontiert. Ich tröste mich damit zu wissen, dass mein junger Freund klar erkennt, dass ein solches negatives Verhalten nur dazu führt, ein Schatten seiner selbst zu werden, und dass er den Punkt hinter sich gelassen hat, an dem dieser Schatten sein Leben verdunkeln könnte.

25

AM STEUER UND AUF
DEM PFERDERÜCKEN

Zwei Jahre nachdem wir HK kennengelernt hatten, kauften Brenda und ich zusammen mit engen Freunden zu gleichen Anteilen ein Haus. Es liegt am schönen Tims-Ford-See in der Nähe von Winchester in Tennessee. Die landschaftlich reizvolle, zweistündige Fahrt und die Aussicht auf einige sonnige Tage am Wasser waren immer ein erholsamer Ausgleich für unseren trubeligen Alltag.

Wir holten eilends Pearls Zustimmung ein, dass HK mit uns die Sommerwochenenden am See verbringen durfte. Unsere Begründung, die bisher immer funktioniert hatte, lautete, dass er auf diese Weise mehr Zeit mit uns und an der frischen Luft mit Sonne und Natur verbringen könnte – was besser war, als alleine in der Imbissstube zu hocken. Er war begeistert von der Idee und dankenswerterweise willigt Pearl erneut ein.

HK fand sich in unserem Haus am See und in der Umgebung schnell zurecht. Sein Zimmer mit Schrank und einem Koffer für seine Medikamente gefiel ihm. Außerdem gehörte zur Ausstattung noch ein Breitbild-Fernseher für unseren jungen Sportfan. Aber wir ließen ihn nicht zum Stubenhocker werden, sondern sorgten dafür, dass seine Bewegung nicht zu kurz kam. An unserem überdachten Steg lag ein neues Pontonboot, aber um dorthin zu gelangen, musste man von der hinteren Terrasse aus 50 steile Stufen hinunter zum See steigen. Diese Treppe sorgte bei uns allen für ausreichend Bewegung.

Brenda verbrachte so viel Zeit wie möglich auf dem See und es war nicht schwer, HK zu überreden, sie zu begleiten. Seine Lieblingsbeschäftigung am See war immer eine Fahrt mit unserem Pontonboot. Es wurde zu unserem Ritual, ihm vorher Shirt, Schuhe, Socken und Schienen auszuziehen, ihn mit Sonnencreme mit hohem Lichtschutzfaktor einzureiben und ihm anschließend seine Rettungsweste überzustreifen.

Der Fahrersitz war breit genug für zwei Leute und so fragte ich ihn eines Samstagnachmittags, als wir gerade in einer ruhigen Bucht dahintrieben:»HK, möchtest du dich zu mir setzen und mir helfen, das Boot zu steuern?«

Er war so begeistert, dass sich sein ganzer Körper verkrampfte und er kaum einen Ton hervorbrachte. Als er sich gefangen hatte, sagte er:»Brenda, ich darf mit Mr Bradford zusammen das Boot steuern!«

»Glaubst du denn, das ist klug?« Sie klang skeptisch.

»Das ist schon in Ordnung, ich fahre immer vorsichtig.«

»HK, seit wann fährst du denn?«, fragte sie. Niemand sagte ein Wort, denn wir kannten alle die Antwort.

Es war faszinierend, ihm beim Steuern zuzusehen. Mit nur ein wenig Anleitung lernte er schnell, das Steuerrad in die richtige Position zu bringen, damit wir geradeaus fuhren. Auf mein Kommando hin, nach links oder rechts zu steuern, war er in der Lage, in jede Richtung einen stabilen Kurs zu fahren. Sein strahlendes

Lächeln offenbarte die Riesenfreude, die ihm jede Minute am Steuerruder bereitete.

Wann immer wir auf eine Gruppe von Schiffen trafen oder uns ein Anlegemanöver bevorstand, überließ er mir großzügig das Steuerrad. Wann immer ihm jemand zuhörte, prahlte er, dass er nicht nur der weltbeste blinde Flugpilot sei, sondern auch der weltbeste blinde Bootsführer. Meines Wissens nach könnte das stimmen. Vermutlich herrscht auf keinem der beiden Gebiete ein großer Wettbewerb.

Bisher hatten wir Glück, dass uns die Wasserpolizei von Tennessee noch nicht angehalten hat, als er am Steuerrad saß. Ich wüsste nicht, wie ich erklären sollte, dass ich das Ruder unseres Bootes einem blinden Jungen überlassen hatte. Allerdings kann ich mir die Reaktion des Beamten lebhaft vorstellen, wenn ich ihm erkläre, dass HK mit seiner einen gesunden Hand statt mit den Augen »sieht«.

Brenda dagegen meint, wir hätten bei einer solchen Kontrolle wenig zu befürchten. Sie ist überzeugt, dass er sich mit seinem einnehmenden Wesen einfach aus allem herausreden könnte. Ich kann nur vermuten, wie eine solche Szene ablaufen würde: Der ernst dreinblickende Polizist taucht neben uns auf und bittet ihn, sich auszuweisen. Stattdessen erwidert HK: »Wir genießen gerade unseren Bootsausflug. Heute ist ein herrlicher Tag dafür, was meinst du, Herr Polizist?«

Der Beamte starrt ihn schweigend an, ohne die Miene zu verziehen.

»Sind wir uns schon mal begegnet?« Schweigen.

»Wann hast du Geburtstag?« Weiterhin Schweigen.

»Herr Polizist, ich hab dich lieb!«

Damit würde er das Herz des humorlosen Polizisten erweichen und ein zögerliches Lächeln über seine distanzierte Miene huschen lassen. »Ist schon in Ordnung, junger Mann. Für dieses Mal lass ich es durchgehen.« Dann würde er sich mir zuwenden, das Stirnrunzeln würde auf sein Gesicht zurückkehren und ich weiß, dass ich nicht so leicht davonkommen würde. Aber ich bin froh, dass diese unerfreuliche Szene nicht vorgekommen ist – bislang jedenfalls.

Neben unseren gemeinsamen Bootstouren im Sommer hat HK im Alter zwischen sieben und 19 Jahren an einem Projekt namens *Saddle Up!* teilgenommen (zu Deutsch: *Aufsatteln!*). Dieses therapeutische Reiten für junge Menschen mit Behinderungen findet auf einer großen Farm außerhalb von Franklin statt. Erklärtes Ziel des Projekts ist die Entwicklungsförderung der Kinder mit Behinderungen während der Therapie und bei Freizeitbeschäftigungen mit Pferden. Die Teilnehmer lernen Verantwortung und Disziplin, während sie zugleich ihre Beweglichkeit verbessern, Selbstvertrauen gewinnen und mit den anderen Reitern und ihren Eltern im Kontakt stehen – vor allem aber haben sie einfach Spaß.

HK ritt in der sechsmonatigen Reitsaison sein Pferd jede Woche eine Stunde lang und half beim Pflegen, Striegeln und Füttern. Bei diesem besonderen Projekt werden Kinder mit Behinderungen an eine neue Welt mit großen Tieren herangeführt, wie in einem Outdoor-Klassenzimmer mit wöchentlich neuen Abenteuern. Die Pferde sind auf die Versorgung durch diese besonderen Kinder angewiesen und die Kinder sind begeistert.

Die Saison wurde jedes Jahr mit einem Reitwettbewerb beendet: Vor einem Publikum aus Reitern, deren Eltern und Freunden führten die Teilnehmer ihre neu erworbenen Reitfähigkeiten vor. Alle Reiter wurden unabhängig von ihrer Behinderung nach denselben Kriterien beurteilt. In den meisten Jahren war HK der einzige blinde Reiter in seiner Altersgruppe, aber die anspruchsvollen Übungen wurden nach demselben Maß beurteilt wie bei den sehenden Teilnehmern.

Neben einer Schleife, die jeder erhielt, bekamen die ersten drei Reiter jeder Klasse entweder einen Pokal oder eine blaue, rote oder weiße Schleife, je nachdem, ob sie den ersten, zweiten oder dritten Platz belegt hatten. Als HK mit 19 Jahren aus diesem Projekt herausgewachsen war, hatte er mehrere Pokale eingeheimst, darunter die begehrte Trophäe für sportliches Verhalten und die für die größte Verbesserung im Reiten plus zahlreiche Schleifen für erste, zweite und dritte Plätze.

HK sagt bis heute, dass die Teilnahme an diesem Projekt die hilfreichste Herausforderung in seinem jungen Leben war. Reiten zu lernen und für ein Pferd verantwortlich zu sein, war spannend für ihn. Nach zwölf Jahren war das Projekt vorbei und er hat diese Chance freudig einem anderen Kind mit Behinderungen überlassen.

Es schien fast, als warte immer schon die nächste, unter Umständen größere oder noch bessere Chance um die Ecke, sobald ein schönes Ereignis für HK zu Ende ging. Nach seinem letzten Ritt bei *Saddle Up!* hörte Pearl von einem ähnlichen Angebot für therapeutisches Reiten *ohne* Altersbeschränkung. Es lag auf einem idyllischen Reiterhof außerhalb von Springfield, fünfzig Kilometer nördlich von Nashville. Die *Paradise Ranch* war die Idee von Brent und Sharolyn Snyder, die sie ihr Leben lang voller Leidenschaft lebten. Mit ihrer *Paradise-Ranch-Stiftung (paradiseranch.org)* ermöglichen sie Menschen mit Behinderungen und besonderen Bedürfnissen aller Altersstufen Entwicklungsförderung durch den Umgang mit Pferden und durch Freizeitangebote.

In den vergangenen sechs Jahren hat sich eine tiefe Freundschaft zwischen diesem besonderen Ehepaar und dem blinden und pferdeliebenden Jungen mit Kinderlähmung entwickelt.

26

FOOTBALL-RIVALITÄTEN

Ich stelle mir gern vor, dass kleine Jungen mit einem speziellen DNA-Strang geboren werden, auf dem »Sport« steht. HKs körperliche Grenzen, vor allem seine Blindheit, schränken seine Teilnahme an Sportereignissen erheblich ein. Die engste Berührung hat er vermutlich, wenn er mit seiner gesunden linken Hand das Radio bedient und aufmerksam verfolgt, wie der Kommentator den Spielverlauf schildert. Der Traum, im Basketball einen Slam-Dunk zu werfen, den Football aus 50 Metern Entfernung zu fangen und einen Touchdown zu erzielen oder den Baseball aus dem Stadion zu schlagen, kommt ihm nur im Schlaf.

HK hört schon sein ganzes Leben lang gern Sportübertragungen. Uns ist oft gar nicht bewusst, vor welch anspruchsvoller Aufgabe die Live-Kommentatoren stehen, wenn sie in präzisen Bildern beschreiben sollen, was der Zuhörer nicht sehen kann. Meister ihres Fachs lernen mit der Zeit, die richtige Mischung aus Tonfall, Anspannung und Lautstärke einzusetzen, um mit ihrer verbalen Beschreibung bei ihren Zuhörern das perfekte Kopfkino in Gang zu setzen. Für einen blinden Jungen, der die Spiele an seinem angeschlagenen Radio verfolgt, sind die so erzeugten Bilder ein Sitz in der ersten Reihe eines Sportereignisses.

Ich erinnere mich noch an einen Samstagnachmittag, an dem HK immer aufgeregter wurde, als er ein Footballspiel des *Vanderbilt*-Teams verfolgte.

»Los Vandy! Los Vandy!«, rief er und klatschte in die Hände, als die *Vanderbilt* Commodores punkteten.

»Wie haben sie die Punkte geholt?«, fragte ich, ohne wirklich das Spiel zu verfolgen.

»Durch ein Fieldgoal.«

»Weißt du denn überhaupt, was ein Fieldgoal ist?«

»Nicht genau, ich weiß nur, dass man damit drei Punkte erzielt«, erwiderte er verlegen mit gesenktem Kopf.

Ich war von seiner Antwort überrascht und stellte ihm weitere Sportfragen. Mir war schnell klar, dass er sich die Übertragung vor allem wegen der spannenden, actionreichen Berichterstattung über die einzelnen Spielzüge anhörte. Sein Wissen über das Sportereignis beschränkte sich darauf, welches Team gewann oder verlor.

Ich hatte wenig Zweifel, dass er sich die Grundkenntnisse von Football schnell aneignen könnte, aber ein so komplexes und umfassendes Spiel jemandem zu erklären, der nichts sieht, ist ganz schön herausfordernd. Wenn es nur so einfach wäre wie in Andy Griffiths legendärem Monolog »Was es war, war Football.« Wie sollte man jemandem, der von Geburt an blind war, eine Tight-End-Position, einen Quarterback oder auch nur einen Football beschreiben? Wie sollte ich ihm helfen zu verstehen, was Fumbeln, Abseits, ein Abschlag oder ein vernichtender Tackle ist? Aber ich stellte mich der Herausforderung und wurde zu seinem Football-Lehrer. Ich erklärte ihm die Spielregeln, die verschiedenen Positionen, verschiedene Spieltypen und die regulären Abläufe auf dem Spielfeld.

Mit der Zeit erstaunte mich – und auch andere in seinem Umfeld – wie viel HK über den Sport wusste. Er konnte sich mit jedem über Football, Basketball, Baseball, Hockey und NASCAR-Rennen unterhalten. Wenn er etwas nicht ganz verstand, bat er um eine ausführliche Erläuterung. Am Anfang sagte er noch darauf: »Ah, das wusste ich gar nicht.« Jetzt lautet seine Reaktion meist: »Stimmt, hab ich doch gewusst.«

Ich bin in Alabama geboren und aufgewachsen. Dort musste man in frühester Kindheit eine wichtige Lebensentscheidung treffen: ob man für die *Crimson Tide* oder die *Auburn Tigers* war. Mit 13 Jahren begann ich, mir in der Küche meiner Großeltern auf dem Land in North Alabama die Radioübertragungen der *Auburn*-Spiele anzuhören. Man schrieb das Jahr 1957 und unser beigefarbenes Crosby-Radio, das auf einem kleinen Metalltisch neben dem Küchenfenster stand, knisterte und knackte, während es sich abmühte, das 1 000-Watt-Signal von WJMW-AM einzufangen, dem einzigen Radiosender im ganzen Landkreis. Der Holzhandel Flanagan, dessen Besitzer die *Auburn*-Universität besucht hatten, finanzierte in meiner kleinen Heimatstadt Athens in Alabama die Radioübertragungen des *Auburn*-Footballteams.

HK hatte noch nie *Auburn*-Übertragungen gehört, als wir in der Football-Saison 2000 begannen, die Samstagsspiele zu verfolgen. Die erhebende *Auburn*-Hymne mitsamt dem unablässigen Anfeuerungsruf »War Eagle!« und ein wenig (na gut, vielleicht ein wenig mehr) Ermunterung von mir haben aus ihm einen fanatischen *Auburn*-Anhänger gemacht. Häufig hat er samstagnachmittags unseren Hobbykeller in eine lärmende Anfeuerungszone für die *Auburn Tigers* verwandelt, sehr zur Freude unserer Nachbarn. Ich bin sicher, dass sie dank der Lautstärke aus unserem Haus vom Anpfiff bis zum Ende stets über jeden Spielzug informiert waren.

Wenn man in Alabama über Football redet, zählt nur, zu welchem Team man hält. Die Rivalitäten zwischen *Crimson Tide* und *Auburn Tigers* sind leidenschaftlich und persönlich. Manchmal sind die Einwohner in Alabama gezwungen, einen Schritt zurückzutreten, die Pausetaste zu drücken und einfach zu ignorieren, dass ihr Nachbar am Spieltag eine *Auburn-Tigers*-Flagge hisst. Um die Gemeinschaft unter Christen zu wahren, übersieht man gelegentlich, dass der Wagen des Gemeindefreundes mit Aufklebern des Elefantenmaskottchens der *Crimson Tide* zugepflastert ist und sogar irgendwo auf dem Nummernschild »Los, Tide!« steht. Familientreffen in Alabama können zur Hochsaison im Oktober eine riskante Angelegenheit sein.

Als wir eines Sonntagmorgens in der Gemeinde waren, sah ich HKs tiefe Loyalität zu den Tigers schon gefährdet. Denn zu unserer Überraschung wurden wir der Tochter von Gene Stallings, dem legendären Trainer der *Crimson Tide*, vorgestellt. Wie sich herausstellte, besuchten sie ebenfalls unsere Gemeinde, und wie die meisten regelmäßigen Besucher kannten sie HKs Lebensgeschichte und wussten von unserer Freundschaft.

Trainer Stallings hatte 1992 mit der *Crimson Tide* die landesweite Meisterschaft der Collegeteams gewonnen. Seine Familie hatte kürzlich ihren 46-jährigen Sohn und Bruder Johnny beerdigen müssen, der Trisomie 21 und einen angeborenen Herzfehler gehabt hatte. HK hatte das Herz seiner trauernden Tochter so sehr berührt, dass sie ihrem berühmten Vater alles über ihn erzählt hatte.

Als der Trainer für einen Vortrag nach Nashville kam, blieb er noch einen Tag länger, um Zeit mit seiner Familie zu verbringen, und vor allem, um HK kennenzulernen. Seine Tochter hatte uns vom bevorstehenden Besuch ihres Vaters erzählt, daher fuhren wir an jenem Morgen ein paar Minuten früher los. Als wir Platz genommen hatten, drehte sich Gene Stallings lächelnd auf seinem Stuhl um und sagte:»Du musst der HK sein, von dem ich schon so viel gehört habe.«

»Der bin ich. Sind Sie Gene Stallings?«

»Ja, und ich bin stolz, dich kennenzulernen, HK.«

»Ich bin auch stolz, Sie kennenzulernen, Trainer.«

Und dann überraschte HK uns alle mit den Worten:»Mr Stallings, Sie sind am Samstagmorgen, dem 2. März 1935, in Paris/Texas geboren und waren ein großes Baby.«

Der Trainer lachte und seine Miene verriet, wie verblüfft er war.»Woher, um alles in der Welt, weißt du das so genau?«

»Ihre Tochter hat mir Ihr Geburtsdatum verraten. Hat sie Ihnen nicht erzählt, dass ich eine besondere Begabung habe? Sie wissen aber schon, dass ich berühmt bin, oder?«

Alles um uns herum begann zu lachen, es wurde aber sofort still, als der Gottesdienst begann. Der berühmte Trainer drehte sich noch mehrere Male nach HK um, tätschelte ihm das Knie und warf Brenda und mir ein Lächeln zu. Er hatte einen feierlichen Gesichtsausdruck, der – zumindest mir – verriet, dass der kleine Taschendieb auf gutem Wege war, seiner stetig wachsenden Liste von Opfern einen weiteren Namen hinzuzufügen.

Wir standen als Familien nach dem Gottesdienst noch eine Weile zusammen und hielten die Erinnerung mit schönen Fotos von HK und seinem neuen Freund fest.

»HK, bitte schick mir doch eins von den Fotos.«

»Das mach ich. Ach übrigens, Trainer?«

»Ja, HK?«

»War Eagle!«

Da war mir augenblicklich klar, dass HK zur Vernunft gekommen war und von seiner drohenden Bekehrung zur *Crimson Tide* Abstand genommen hatte. Der ganze Saal brach in Gelächter aus, als Gene Stallings mit seiner tiefsten, strengsten Trainerstimme dröhnte:»Junge, was hast du da gerade gesagt?« HK musste so sehr lachen, dass er kaum einen Ton herausbrachte.

Die Erinnerung an das Treffen mit dem gefeierten Footballtrainer hat sich für immer in sein Gehirn gebrannt. HK erinnert sich noch, dass er den großen Ring, den Gene Stallings für den Sieg der Landesmeisterschaft bekommen hatte, berühren durfte, und weiß noch, wie schwer er war. Er drückte sein Beileid aus für Johnnys Tod ein paar Monate zuvor und bedauerte, ihn nicht mehr kennengelernt zu haben. Ihre neue Freundschaft erblühte jedes Mal, wenn Gene Stallings nach Brentwood kam.

Bei einem Besuch im Sommer, kurz vor HKs Geburtstag, überraschte Gene Stallings ihn mit einer Armbanduhr der Universität von Alabama. Für ihn zählt sie zu seinen wertvollsten Besitztümern. Selten um eine Antwort verlegen, platzte er heraus:»Trainer Stallings, das ist die schönste Uhr auf der ganzen Welt!«

»Danke, HK. Trage sie mit Alabama-Stolz.«

»Trainer, wenn *Auburn* gegen Alabama spielt, halte ich aber trotzdem zu *Auburn*.«

Doch Gene Stallings ließ sich von seinem neuen Kameraden nicht unterkriegen. Mit dröhnender Stimme entgegnete er:»Mein Junge, wie viele Uhren von *Auburn* hast du denn?«

Alle lachten, als HK schüchtern erwiderte:»Keine.«

27

DAS SPIELERTRIKOT

Dank seiner wachsenden Schar an Freunden bekam HK viele Gelegenheiten, Profi- und Collegesportler kennenzulernen. Sein Lieblings-Footballprofi war zweifellos Kevin Mawae, Center der *Tennessee Titans*, der 17 Jahre in der NFL gespielt hat und achtmal für den Pro-Bowl nominiert war, bei dem eine Auswahl der besten Spieler der USA antritt. Als HK Kevin 2006 kennenlernte, begann eine dauerhafte Freundschaft, mit der er vor seinen Klassenkameraden prahlte, bevor Kevin sich drei Jahre später aus dem Profisport zurückzog.

Wenn man bedenkt, worüber sie bei ihrer ersten Begegnung sprachen, ist es ein Wunder, dass sie überhaupt eine Freundschaft aufbauen konnten. Jemand hatte HK erzählt, dass Kevin an der Uni von Louisiana Football gespielt hatte, einem gefürchteten Gegner seiner geliebten *Auburn Tigers*.

»Kevin, du musst wissen, dass ich Fan der *Auburn Tigers* bin.«

»Geht schon klar, *Auburn* ist gar nicht so schlecht.«

Er stand über HK wie ein Bärenvater über seinem Jungen. Sie unterhielten sich, hielten sich an den Händen, umarmten sich und ließen sich fotografieren. Ich sah, wie sich dieser Profi-Footballer, der weit über 1,80 Meter groß war und gut 130 Kilo wog, mehrfach Tränen aus den Augenwinkeln wischte.

»HK, warst du jemals bei einem Spiel der *Titans*?«

»Ich war mit der Schule in der Vorsaison im August bei einem Spiel im *Vanderbilt*-Stadion, aber ich habe noch nie ein reguläres Spiel im Stadion der *Titans* miterlebt.«

»Würdest du diese Saison gern mitkommen und mit meiner Frau und meiner Familie in einer Stadionloge sitzen?«

Wie man sich vorstellen kann, war HK total begeistert und konnte eine geschlagene Minute lang nichts sagen – was bei ihm höchst selten vorkommt.

»Ja!«, platzte es schließlich aus ihm heraus. Dann fügte er hinzu: »Kevin, sind alle Spiele der *Titans* ausverkauft?«

»Ja, HK, jedes Spiel.«

»Das verstehe ich nicht. Die *Titans* sind doch gar nicht so gut!«

HK mag in seiner Naivität nicht der taktvollste Fan sein, aber er sagte die Wahrheit: Zu jenem Zeitpunkt lagen die *Titans* abgeschlagen auf dem letzten Platz ihrer Liga mit einem Sieg und fünf Niederlagen. Kevin zwinkerte den umstehenden Zuhörern zu, schüttelte den Kopf und lachte mit dem ganzen Saal.

»Da hast du recht, HK. Wir spielen gerade echt mies. Vielleicht werden wir besser, wenn du uns anfeuerst und unsere Spiele verfolgst.«

Kevins Worte waren ziemlich prophetisch, denn sobald HK begann, die Spieler vor dem Fernseher anzufeuern, gewannen die *Titans*. Sie holten in den verbleibenden zehn Spielen sogar sieben Siege und beendeten die Saison mit respektablen acht Siegen gegenüber acht Niederlagen.

Kevin sparte sich seine besondere Einladung für die Loge bis zur Woche vor dem wichtigsten Saisonspiel auf. Die *Tennessee*

Titans trafen auf die Indianapolis Colts und ihren großartigen Quarterback Peyton Manning, der später einen Platz in der Hall of Fame bekam. HK war kurz vor der Ohnmacht, als Kevin anrief und uns zum Spiel einlud.

Der Spieltag kam und wir bemühten uns, eine Stunde vor Anpfiff da zu sein. Dank Kevin durften wir in einem reservierten Bereich in der Nähe des Stadioneingangs parken. Ausstaffiert mit seinem *Titans*-Trikot und -helm, die er von Kevin bekommen hatte, sah er an diesem Tag wie der vollendete *Titans*-Fan aus.

Wir fuhren mit dem Logenaufzug zur obersten Etage, weit über dem Spielfeld. Begeistert erzählte HK dem Aufzugbegleiter: »Ich bin ein Freund von Kevin Mawae, dem Center der *Titans*, und wir sitzen heute in seiner Loge.«

»Dann musst du sehr prominent sein. Es ist eine große Ehre, in einer Loge zu sitzen.«

»Ich heiße HK und bin berühmt. Wie heißen Sie?«

»Ich heiße Horace und bin nicht berühmt. Es ist schön, dich kennenzulernen, HK.«

Schließlich erreichten wir die Logentür mit Kevins Namen und wurden von seiner Frau, seinem Sohn, seiner Tochter und einigen Freunden der Familie begrüßt. Die großzügige Loge lag an der Westseite neben der Zehn-Yard-Linie und war mit einem Dutzend bequemer Kinosessel, einem WC und einem Essbereich ausgestattet. Das riesige Fenster über dem Spielfeld ließ sich aufschieben und seine Frau öffnete es vor dem Anpfiff, was uns eine spektakuläre Aussicht auf das Spielfeld erlaubte. Es war, als verfolgten wir das Spiel auf einem gigantisch großen Monitor.

Vom Anstoß an verfolgten alle außer HK den Spielverlauf am großen, offenen Fenster. Er setzte sich stattdessen auf einen hohen Stuhl an der Bar direkt hinter den anderen. Sein Fenster zum Spiel war ein kleines Taschenradio mit der unverkennbaren Stimme von Mike Keith, dem Kommentator der *Tennessee Titans*. Dank großer Kopfhörer konnte er dem spannenden Kommentar des Spielverlaufs lauschen, der ungefähr acht Sekunden verzögert war.

Die beiden spannendsten Szenen ereigneten sich in den allerletzten Minuten. Die *Titans* spielten das beste Spiel ihrer Saison und führten vom Anpfiff an gegen die Colts. Es waren nur noch weniger als zwei Minuten zu spielen. Die Colts rauschten über das Feld und punkteten dank eines perfekten Passes von Peyton Manning. Mit diesem weiteren Punkt hatten sie gleichgezogen und es blieb nur noch eine Minute Spielzeit. Alle wappneten sich für eine Verlängerung, aber die *Titans* hatten etwas anderes vor.

Bei nur sieben Sekunden verbliebener Spielzeit und Gleichstand mit 17 zu 17 Punkten nahmen die *Titans* ein Timeout und schickten dann ihren Fieldgoal-Kicker ins Spiel, der probieren sollte, ein Tor aus knapp 55 Metern Entfernung zu schießen. Wenn er traf, wäre das sowohl für das Team als auch den Spieler ein Rekord.

Die Atmosphäre im Stadion knisterte vor Anspannung. Jeder Fan – außer einem – war aufgestanden und wartete gespannt auf den spielentscheidenden Fieldgoal-Versuch. HK rutschte nervös auf seinem Stuhl nach vorn, die Kopfhörer schirmten ihn vom Getöse der Stadionbesucher ab. Er zog eine Grimasse, als läge der gesamte Druck auf seinen Schultern, und streckte die Arme nach oben, als wolle er den Kicker beschützen. Er atmete kaum und konzentrierte sich auf Mike Keiths Stimme.

Als das Spiel weiterging, kam der Spieler aufs Feld und nahm seine Position hinter der massiven Offensive der Colts ein. Der Schiedsrichter gab das Zeichen, dass es weiterging. Im gesamten Stadion herrschte gespenstische Stille. In seiner gesamten Karriere hatte der Kicker noch nie den Versuch gewagt, aus einer solchen Distanz ein Fieldgoal zu schießen. Der Center passte den Ball zielgenau durch seine Beine, der nächste Spieler fing und platzierte ihn genau. Der Kicker lief heran und traf den Ball fest mit dem rechten Fuß: Der Ball flog über die ausgestreckten Arme der Colts und trudelte 55 Meter später mit der perfekten Rotation zwischen den beiden Außenpfosten über den Querbalken und hatte sogar noch Platz. Die *Titans* hatten gewonnen! Das gesamte Publikum im ausverkauften Stadion und jeder in unserer Loge brach in wilden, donnernden Jubel aus. Jeder außer HK, muss man sagen. Er konzentrierte sich weiterhin auf seine Kopfhörer und war in seiner verzögerten Übertragung versunken. Als unser Jubel gerade verklang, begann er vor und zurück zu schaukeln und brüllte mit aller Kraft: »Wir haben gewonnen! Wir haben gewonnen!« Alle aus unserer Loge drehten sich um, sahen den euphorischen Jungen in Jubelstimmung und begannen erneut zu feiern.

Nach dem Spiel schaute Kevin unerwartet in der Loge vorbei und nahm von Familie und Freunden umfangreiche Umarmungen und Glückwünsche entgegen. Aber seine Aufmerksamkeit galt vor allem HK, der mittlerweile heiser war vom Jubel nach dem Spiel.

»HK, wie hat dir das Spiel gefallen?«

»Ich fand es super, Kevin! Weißt du, dass die *Titans* ein Fieldgoal aus 55 Metern geschossen und damit gewonnen haben?«

Die Loge explodierte förmlich vor Gelächter und jeder applaudierte ihm für seine unschuldige Frage. Kevin hielt inne und wurde ganz ernst: »HK, Trainer Fisher hat uns heute für unseren Sieg unsere Spielertrikots geschenkt.« Er stockte, musste schlucken und fügte dann hinzu:»Und ich möchte, dass du meins bekommst.«

Die Luft stand in der Loge. Kein Muskel zuckte. Es herrschte atemlose Stille. Tränenreiche Blicke waren auf den breitschultrigen Footballspieler geheftet, als er das schweißgetränkte, grasbefleckte XL-Trikot dem blinden Jungen in den Schoß legte. Mir kam der unvergessene Werbeclip von Coca-Cola in den Sinn, der 1980 in der Werbepause des Superbowl lief und in dem der Footballspieler »Mean Joe« Greene sein Spielertrikot einem kleinen, ehrfürchtigen Jungen zuwirft.

Ein paar Sekunden lang konnte er wegen seiner Lähmung nichts erwidern. Als er wieder Luft bekam und mit den Fingern das Trikot befühlte, war er schließlich in der Lage, ein tief empfundenes »Danke schön!« zu murmeln.

»Gern geschehen, HK.«

»Kevin, ich hab dich lieb. Du bist einer meiner besten Freunde.«

Der massige Profisportler, der soeben eine monumentale Schlacht gegen 150 Kilo schwere Krieger gewonnen hatte, musste schlucken:»Ich habe dich auch lieb, HK.«

28

GROSSE TRÄUME

HKs Sportbegeisterung verschaffte ihm einige besondere Gelegenheiten, die er trotz seiner Behinderungen wahrnehmen konnte. An einem wunderschön frühlingshaften Samstagmorgen im Jahr 2007 eröffnete der Mini-Star die Baseball-Jugendliga in Williamson County, indem er den ersten Pitch zelebrierte. Zwei Erwachsene standen auf beiden Seiten und halfen ihm, das Gleichgewicht zu halten. HK sammelte jedes Quäntchen Kraft in seinem gesunden linken Arm und wuchtete den Ball in hohem Bogen in die Richtung, aus der er die Stimme des Fängers hörte. Der flinke, junge Fänger hechtete spektakulär nach dem Ball und ging dann zu Boden – ein neuer Starpitcher der Jugendliga war geboren! Auch in den darauffolgenden drei Saisons warf er den ersten Pitch. Einmal bekam er dafür vom Verband der Williamson-Jugendliga einen Scheck über 2500 Dollar für die Jugendgruppe unserer Gemeinde. Als er die große Spende am Sonntag im Gottesdienst überreichte, befragte unser Pastor den Mini-Pitcher nach seiner Technik.

»HK, was für einen Pitch hast du denn geworfen?«

»Der Ball flog bogenförmig mit zwölf Kilometern pro Stunde ... Und das war noch einer meiner langsameren Pitches.«

Überzeugt davon, dass er damit den Höhepunkt seiner Baseball-Karriere erreicht hatte, versuchte sich mein junger Kamerad als Nächstes im Basketball. Ein Collegeteam aus South Dakota war in den Sommerferien zu einem Freundschaftsspiel gegen die *Vanderbilt* Commodores in der Stadt. HK hatte ihren Cheftrainer kennengelernt, als dieser noch dieselbe Position im Team der Lipscomb-Universität in Nashville innehatte. Für dieses Spiel lud sein Trainerfreund HK ein, ihr Ehrentrainer zu sein. Bevor die Mannschaft auf den Platz ging, gab HK die Trainer-Anweisungen. Er sagte einfach:»Bewahrt euch eine positive Einstellung, spielt gut in der Abwehr, werft ungehindert eure Bälle und legt in der zweiten Hälfte kein Nickerchen ein!« Er sprach aus Erfahrung: Ein paar Jahre zuvor hatte er das *Vanderbilt*-Footballteam gewarnt, sich nicht aufs Ohr zu legen, als sie ihren Vorsprung aus der ersten Hälfte hergaben.

In der übernächsten Saison übernahm HK dieselbe Ehrenfunktion bei den Lions der Freed-Hardeman-Universität für ihr Basketballspiel gegen die Lipscomb-Universität in Nashville. Vor dem Spiel fragte der Chefcoach den Ehrentrainer, ob er noch ein Wort an die Mannschaft richten wolle. Diesmal war HK gut vorbereitet.

Es wurde still in der Kabine, sein Körper verkrampfte sich und mit einer Stimme, die kurz davor war, in sein zwanghaftes Lachen umzuschlagen, begann er zu reden:»Ich heiße HK.« Gelächter durchbrach die Stille, weil jeder ihn bereits gut kannte.

»Danke, dass ihr mich eingeladen habt, bei euch auf der Bank zu sitzen. Das ist eine Ehre. Heute spielt ihr gegen eine Mannschaft aus der ersten Liga und es ist zu erwarten, dass ihr verliert. Aber das Endergebnis spielt keine Rolle. Was heute wirklich zählt, ist eure Einstellung, euer Einsatz und euer Wille zu spielen – eine

Härte, die von euch die ganze Saison erwartet werden wird und von der ich heute erwarte, dass ihr sie zeigt.« Wenn seine Aufregung und seine Lähmung ihm das Weiterreden erschwerten, hielt er gelegentlich inne. »Wenn ihr groß denkt, werdet ihr groß sein, groß spielen und Großes erreichen. Ich will euch von mir erzählen.« Wieder sagte er: »Ich heiße HK.« Diesmal lachte niemand. »Meine Mutter ist bei meiner Geburt gestorben, mein Vater hat mich verlassen, als ich fünf Jahre alt war. Ich bin blind. Ich habe Kinderlähmung und andere Behinderungen, die es mir unmöglich machen, Basketball zu spielen. Aber sie halten mich nicht davon ab zu träumen – und wenn ich träume, dann träume ich immer groß. Und weil ich groß träume, habe ich im Leben schon manches besondere Ereignis erlebt. Ich bin auf Pferden geritten und habe ein Flugzeug gesteuert. Ich bin im Fernsehen aufgetreten, war Bürgermeister von Nashville und habe Profi-Football-spieler kennengelernt – was ganz schön viel ist für einen blinden Jungen mit Kinderlähmung.« Hin und wieder stotterte er, wenn er nach den richtigen Worten suchte.

»Ich will, dass ihr Jungs in dieser Saison groß träumt, so wie ich. Denn dann könnt ihr im Sport wie im Leben die landesweiten Meisterschaften gewinnen. Und jetzt los, holt euch den Sieg!«

Die Zeit blieb stehen in der Kabine. Einen Augenblick herrschte nichts als Stille. Beinahe hätte man den Herzschlag aller hören können. Am Ende waren nur wenige Augen trocken geblieben. Ein einzelner Spieler, der dem Ehrencoach am nächsten saß, begann langsam zu klatschen und einer nach dem anderen fiel mit ein, bis die Kabine vor tosendem Lärm erbebte.

Als es wieder ruhig wurde, drehte sich der Ehrentrainer zum echten Coach um und sagte mit lauter Stimme: »Das hab ich gut gemacht, oder?« Alle Spieler lachten und begannen noch lauter zu klatschen und riefen:»Auf geht's! Auf geht's! Auf geht's!« Ich wünschte, ich könnte an dieser Stelle ein Happy End und einen triumphalen Sieg der schwächeren Mannschaft verkünden. Dazu kam es nicht, aber an jenem Abend gab das Freed-Hardeman-Team in einem der spannendsten Spiele der Saison alles. Mit nur drei Punkten im Rückstand und weniger als zwei Minuten zu spielen, konnten sie nur durch ein Foul in Ballbesitz kommen und Siegpunkte holen. Leider hatte das Lipscomb-Team eine Glückssträhne, warf acht aufeinanderfolgende Freiwürfe und sicherte sich den Sieg.

An jenem Abend hatte ich in der Kabine von der ersten Reihe aus die machtvollen, aufrüttelnden und motivierenden Worte mitverfolgen können, die aus diesem bemerkenswerten jungen Mann heraussprudelten. Die Basketballspieler haben das Spiel in der Halle möglicherweise längst vergessen. Aber ich bezweifle, dass sie die ermutigenden Worte ihres Ehrentrainers an jenem Abend je vergessen werden.

29

DER 16. GEBURTSTAG

An HKs 16. Geburtstag im Jahr 2006 organisierte ein enger Freund eine Überraschung, die beinahe die Zustellung der Post zu seinem Haus in East Nashville blockierte. Zwei Wochen vor HKs großem Tag begann sich unter seinen vielen Freunden und Bekannten seine Begeisterung für Geburtstagskarten herumzusprechen. Das Ergebnis war, dass er am Ende seiner Geburtstagswoche mehr als hundert Karten aus der ganzen Welt bekommen hatte, darunter von einer Familie aus Schottland und aus dem Büro des Gouverneurs von Tennessee.

Damit begann eine neue Tradition: Alle bemühten sich, die Anzahl der Karten vom Vorjahr zu übertreffen. Zwei Jahre später kamen 180 Karten, von denen manche Geldgeschenke enthielten. Einige trafen schon drei Tage vor seinem Geburtstag im Juli ein und der Strom hielt den ganzen Monat an. Im darauffolgenden Jahr kamen die ersten Karten schon zwei Wochen vor seinem Geburtstag und noch bis Mitte August trudelten welche ein, bis wir am Ende 590 Karten aus 28 Ländern zählten, darunter Australien, Kanada und Afghanistan. Das wurde zwar nicht offiziell vom Guinnessbuch der Rekorde bestätigt, aber HK erklärte stolz, 590 Karten zum Geburtstag eines Jungen seien ein Höchstrekord.

In jenem Jahr postierte Pearl auf drängende Bitten des überlasteten Briefträgers einen großen Eimer auf ihrer Veranda.

Von einigen unserer engsten Freunde kam noch eine andere Überraschung in Form eines großzügigen Geschenks zu HKs 16. Geburtstag. Sie hatten Wind davon bekommen, dass zu HKs lang gehegten Wünschen auch eine Floridareise mit einem Ausflug ans Meer gehörte. Daher boten sie uns an, dass wir eine Woche in ihrem Strandhaus in Florida verbringen durften. Wir mussten HK erzählen, dass wir verreisen würden, denn wir konnten die Vorbereitungen nicht vor ihm verheimlichen, aber wir verrieten ihm nicht das Ziel. Wir wussten, dass seine Begeisterung grenzenlos sein würde, deshalb hielten wir unseren Zielort mit einiger Mühe streng geheim. Wir luden Stu und Dot Brandt mit ihrer Schwester ein, mitzukommen.

An einem schwülen Samstagmorgen im August machten sich unsere beiden voll beladenen Wagen Richtung Süden auf: von Brentwood auf die I-65 zur Golfküste von Florida.

Auf der Fahrt fühlten wir uns mehrmals an »Täglich grüßt das Murmeltier« erinnert und die ständige Wiederholung machte uns mürbe. »Brenda, wohin fahren wir? Wie lange bleiben wir? Ach bitte, Brenda, erzähl es mir doch – ich muss es wissen!« Als es nicht mehr anders ging, verkündete Brenda schließlich: »HK, wir fahren nach Destin in Florida.«

Seine Freude und sein Gesichtsausdruck nach dieser Nachricht lassen sich nicht in Worte fassen. Zuerst schrie er: »Das wird ein großer Spaß! Ich kann es gar nicht abwarten, in Florida anzukommen!« Die Neuigkeiten lösten seine typischen Schaukelbewegungen aus, die von einer neuromuskulären Störung verursacht sind und jetzt so stark wurden, dass sogar das Auto ins Schlingern geriet.

»HK, beruhige dich, sonst kommen wir mit dem Wagen noch von der Straße ab. Mit einem Totalschaden erreichen wir Florida nie!«

Er lachte nur und klatschte weiterhin in die Hände und sang: »Yeah, yeah, ich fahre nach Florida!« Nach ein paar Minuten hatte er sich so weit beruhigt, dass er wieder normal sprechen konnte: »Brenda, ich war noch nie in Florida. Warum habt ihr mir nicht erzählt, dass wir dorthin fahren? Ich bin soooo aufgeregt!«

»Mr Bradford und ich wollten dich überraschen.«

»Das wird so schön! Brenda, kann ich durch den Sand laufen, wenn wir in Florida sind?«

»Ja, du kannst durch den Sand laufen, im Meer spielen und viele schöne Sachen machen, denn das ist dein eigener, ganz besonderer Urlaub.«

Brenda hatte gedacht, wenn sie ihm das Ziel unserer Reise verriet, wären seine permanenten Fragen damit beendet, aber es löste nur einen Sturm anderer endloser Fragen aus. Ich konnte am Ende nicht mehr sagen, wie oft ich ihn während der achtstündigen Fahrt hatte fragen hören: »Wie lange dauert es noch? Wo gehen wir essen? Was machen wir, wenn wir ankommen? Kann ich Grammy anrufen und ihr erzählen, wohin wir fahren?«

Drei Stunden später ließen wir Birmingham ohne Zwischenfall hinter uns und machten unsere erste Rast im Peach Park in Clanton/Alabama. Ein Wasserturm, der angemalt ist wie ein riesiger Pfirsich, lädt Reisende in Richtung Süden ein, Peach Park zu ihrem Zwischenstopp zu erklären. Pfirsiche aus dem Kreis Chilton sind weltberühmt und die Kreisstadt Clanton ist die Pfirsichhauptstadt des Südens. Peach Park liegt an der Ausfahrt 205, gleich außerhalb der Stadt, und ist das Paradies jedes Pfirsichfans. Alles nur Erdenkliche aus Pfirsich wird hier serviert wie frittierte Pfirsiche, Auflauf oder köstliche hausgemachte Eiscreme. Niemand beschwerte sich über diese kleine Verzögerung auf unserer Fahrt.

Als wir zu den Autos zurückkehrten, hatte jemand die glänzende Idee, eine Tüte frittierte Pfirsiche zu kaufen und für später aufzubewahren. Letztere Information war aber bei HK und Stu offenbar nicht angekommen, denn sie fielen in dem Augenblick über die Tüte her, als wir losfuhren. Als wir Destin erreichten, war jeder leckere Pfirsich vertilgt – und ich hatte keinen abbekommen.

Es war schon fast halb sechs am Samstagabend, als wir schließlich unser Strandhaus erreichten. HK war noch aufgeregter als zuvor. Er stieg aus dem Wagen, trat in den warmen Sommerwind und atmete die schwere, feuchte Salzwasserluft tief ein. Nachdem die Autos entladen waren, genoss er seinen ersten Strandspaziergang.

Unsere Urlaubsplanerinnen hatten für unseren ersten Abend einen Tisch in einem schönen und im Ort äußerst beliebten Fischrestaurant reserviert. Für HK war seine erste Mahlzeit in Florida eine völlig neue, ungewohnte und ein wenig rätselhafte Erfahrung. Nachdem wir sechs Platz genommen hatten, betastete er mit der linken Hand den großen runden Tisch: »Brenda, warum habe ich so viele Messer, Gabeln, Teller und Gläser?«

Sie erklärte ihm geduldig den Zweck jedes Gedecks auf dem Tisch und versicherte ihm, er müsse die ganze Zeit aber nur einen Teller, eine Gabel und ein Glas benutzen. Aber kaum hatte sie geglaubt, ihn überzeugt zu haben, ruinierte Stu ihre Bemühungen wieder: »Ein Glas ist für deinen Wein, HK.«

Verwirrung zeichnete sich auf seinem Gesicht ab. »Mr Bradford, nimmt Stu mich auf den Arm? Er weiß doch, dass ich keinen Wein trinke. Er macht nur Witze, oder?«

»Ja, HK, Stu will dich nur foppen.«

Normalerweise bestellten wir HK immer etwas von der Kinderkarte, aber aus unerfindlichen Gründen haben die Restaurants in Destin keine. Also wählte er während unserer gesamten Zeit dort etwas von der regulären Erwachsenenkarte, entschied sich für unbekannte Gerichte, von denen wir einige nicht einmal aussprechen konnten. Als heranwachsender Jugendlicher, der nie in seinem Leben frische Meeresfrüchte gegessen hatte, wähnte er sich im Paradies.

Der zuckerweiße Sand und der smaragdgrüne Atlantik ziehen jedes Jahr mehrere Generationen von Familienurlaubern an und dank jahrelanger, gründlicher Betrachtung weiß ich, dass ihre tägliche Strandroutine immer unter eine von zwei Kategorien fällt: Zur ersten Kategorie gehören die energiegeladenen Urlauber, die wie die Häschen aus der Batteriewerbung bei Sonnenaufgang losziehen, den ganzen Tag über aktiv sind und sich zurückziehen, sobald die Sonne im Meer versinkt. Und dann gibt es diejenigen, die lange schlafen, mehr essen und weniger tun als sonst und jeden Abend bis nach elf aufbleiben. Unsere fröhliche Truppe von Strandgängern fiel definitiv in die zweite Kategorie.

Nach dem späten Frühstück zogen sich alle jeden Morgen ihre Badesachen an und cremten sich großzügig mit Sonnenmilch ein. Wir Männer liefen zum Süßwasser-Pool, während die Damen sich zum weißen Sandstrand begaben, um die maximale Sonnendauer auszunutzen. Wer HK bei seinen ersten Schwimmversuchen beobachtete, hätte kaum vermutet, dass er blind war oder andere körperliche Behinderungen hatte. Seine Schwimmflügel verliehen ihm die Freiheit, sich über Wasser zu halten und das Becken komplett zu durchqueren. Er paddelte eifrig mit dem linken Arm und strampelte mit beiden Beinen – eine gute Bewegungstherapie für ihn. Einmal in der Stunde bestanden wir darauf, dass er den Pool verließ, um sich kurz auf seiner bequemen Liege auszuruhen. Aber nach einer Viertelstunde wollte er immer wieder zurück ins Wasser, wo er nach Herzenslust paddelte und strampelte.

Leider war unsere Urlaubswoche von einem Sturmsystem am Golf von Mexiko geprägt. Im aufgewühlten Meer schwamm ein Gewirr aus schleimig-grünen Algen und anderen nicht näher identifizierbaren Rückständen vom Sturm. Es wurde mit der Zeit noch schlimmer und die Wellen mit Schaumkronen so stark, dass sie Erwachsene umwerfen konnten. Aber nichts hätte HK vom Salzwasser und seiner ersten Begegnung mit dem Meer abhalten können. Stu und ich waren neben ihm und fingen ihn jedes Mal auf, wenn eine Welle seine kleine Statur erfasste. Aber selbst das konnte ihn nicht abschrecken. Jedes Mal, wenn er wieder auftauchte, schrie er: »Das macht Spaß!« – und spuckte zugleich Wasser und Seetang aus. Er wurde so oft umgeworfen und mit schlammigem Tang überspült, dass ich schon glaubte, auf ihm würden Seepocken wachsen. Wegen dieser wiederholten Wellenangriffe zog er fortwährend seine rutschende Badehose hoch, sodass Stu und ich schon anfingen, ihn »Klempner« zu nennen. Er lachte, aber ich bin nicht sicher, ob er wusste, warum.

Für Mittwoch kündigte die Wettervorhersage viele Wolken, hohe Luftfeuchtigkeit und eine erhöhte Regenwahrscheinlichkeit an – typisches Floridawetter im Sommer. Sofort entschieden sich alle gegen einen Tag am Strand. Die Frauen gingen stattdessen shoppen und die Männer Minigolfspielen.

In meiner Jugend war Minigolf viel harmloser als auf den anspruchsvollen Bahnen heute, die mit zwei Schlägen gemeistert werden sollen. Die Anlage, die anderthalb Kilometer von unserem Strandhaus entfernt lag, war als Dschungellandschaft gestaltet und neben den 18 Bahnen standen realistisch gestaltete Löwen, Tiger, Elefanten und Palmen. HK konnte die Aufregung über sein erstes Minigolfspiel kaum bändigen. In seinem knallgelben Polo-shirt, Kaki-Shorts und einem weißen Golferhut sah er wie ein Profigolfer aus. Stu und ich hatten keine Ahnung, was wir bei unserem ersten Ausflug von ihm zu erwarten hatten.

Ich half ihm, seine Putts auszurichten, und stützte ihn, wenn er mit der linken Hand den Putter hielt und so den Ball schlug. Auf den 18 Bahnen traf ich einmal mit dem ersten Schlag, während Stu auf etlichen Bahnen mehrere Versuche brauchte. Wir waren beide erstaunt – und vielleicht ein klein wenig entrüstet –, dass HK zwei Bälle mit dem ersten Schlag versenkte. Wir waren uns einig, dass es sich schlicht um Anfängerglück handeln musste.

Nach seinem letzten Schlag auf der 18. Bahn griff HK ins Loch, um seinen Ball herauszuholen, wie schon auf den vorherigen 17 Bahnen. Aber obwohl er mit den Fingern das ganze Loch innen abtastete, blieb er dieses Mal erfolglos – die Überraschung auf seinem Gesicht war köstlich! Seine unsichtbare Welt wurde durch etwas auf den Kopf gestellt, das ihm einfach nicht einleuchtete: Wie konnte sein Ball bloß verschwunden sein? Ich grinste, als ich verstand, weshalb er verwirrt war, und erklärte ihm, dass das letzte Loch zu einer unterirdischen Röhre führte, durch die der Ball in ein großes Gefäß im Minigolfbüro rollte. Angesichts der Lösung des Rätsels atmete er erleichtert auf – die Welt ruhte doch weiterhin auf den festen Säulen der Physik.

Ich war an diesem Tag auserkoren, die Ergebnisse zu notieren, und als ich die Schläge von allen zusammengezählt hatte, war ich sicher, mich geirrt zu haben. Also rechnete ich noch einmal nach. Schließlich sagte ich:»Stu, es könnte sein, dass dir gar nicht gefällt, was ich hier verkünden muss.« Dann nannte ich langsam und deutlich das Endergebnis: Stu hatte 54 Schläge gebraucht, HK 51 und ich nur beachtliche 42! (Einen kleinen Vorteil muss es ja haben, wenn man die Ergebnisse notiert.) Sofort begann HK zu singen: »Yeah, ich habe Stu geschlagen, ich habe Stu geschlagen!«

Ich konnte gar nicht anders, als Stu mit seinem miserablen Ergebnis aufzuziehen: »Stu, wie willst du den Frauen erklären, dass du beim Golfen gegen einen blinden Jungen verloren hast?«

»Wenn ihr es ihnen nicht erzählt, erfahren sie nichts«, erwiderte er schwach.

»Stu, du weißt doch, dass ich kein Geheimnis für mich behalten kann!«, gab HK zurück.

Er hatte nun jedes Recht zu prahlen und machte großzügig Gebrauch davon. Anfangs schien es Stu nicht zu stören, aber ich glaube, während des gesamten restlichen Urlaubs daran erinnert zu werden, schadete doch erheblich seinem Ego.

30

AUFTRITT VOR GROSSEM PUBLIKUM

Beinahe acht Jahre nach meiner ersten Begegnung mit HK konnte man sagen, dass alle, die Brenda und mich kannten, schon von meinem erstaunlichen jungen Gefährten gehört hatten. Kurz vor seinem Geburtstag 2007 traf ich zufällig einen guten Freund, der zu einer presbyterianischen Gemeinde bei uns im Ort gehört. Er lud HK und mich ein, an einem Sonntagmorgen in seinem Bibelgesprächskreis zu sprechen. Er bat uns, von unserem Kennenlernen und unserer Freundschaft zu erzählen und Geschichten aus HKs spannendem Leben.

Und so hatten wir am Sonntagmorgen, dem 22. Juli 2007, unseren ersten öffentlichen Auftritt vor 32 Erwachsenen in der *Christ Presbyterian Church* in Brentwood. Da es das erste Mal war, hielten wir unseren ungeprobten, 20-minütigen Vortrag recht schlicht.

Die meiste Zeit erzählte ich und HK ergänzte mich. Wir erzählten von dem Tag, an dem wir uns kennengelernt hatten, von den Gründen für seine Behinderungen, vom Autounfall, bei dem seine Mutter ihr Leben verloren hatte, vom Aufwachsen bei seiner Oma und vom fehlenden männlichen Einfluss in seinem Leben, bevor ich in sein Leben trat.

Mir schien, dass wir die wichtigsten Themen ansprachen, aber ich war auf die Reaktionen gespannt. Dann bemerkte ich die Box mit Taschentüchern, die von einem tränenverschmierten Gesicht zum nächsten weitergereicht wurde. Ich erinnere mich noch, dass ich dachte: Wenn die Reaktion so aussieht, brauchen wir nicht zu denken, dass wir je wieder zu einem öffentlichen Auftritt eingeladen werden.

Anderthalb Jahre später bekam ich eines Morgens im Büro einen Anruf mit einer weiteren unerwarteten Einladung. Ein früherer Lehrer von HK und Direktor der Blindenschule war momentan Lehrbeauftragter an der Trevecca-Nazarene-Universität in Nashville und hoffte darauf, dass HK vor einem Jahrgang zukünftiger Heilpädagogen seine Geschichte erzählen könnte.

HK saß bequem vor einem vollen Saal angehender Lehrer. Von seinem hohen Holzstuhl aus und mit der Selbstsicherheit eines erfahrenen Redners schilderte er seine Erfahrungen mit der Heilpädagogik. Er nannte einige Lehrer und erzählte, wie sie ihm geholfen hatten, seine zahlreichen Begrenzungen zu überwinden, und wie sie ihn ermutigt hatten, ein besserer Schüler zu werden. Er nannte Lehrer wie Phyllis Alfreda und Bill Schenk, die nie an ihm gezweifelt hatten, und unterstrich, dass Geduld ein wichtiger Schlüssel sei, um Selbstvertrauen aufzubauen. Zum Schluss erklärte er den angehenden Pädagogen, wie wichtig es sei, einfach zum Freund zu werden, der an seine Schüler glaubt.

Schließlich beantwortete HK die gestellten Fragen bedächtig und mit einer Reife, die seine 17 Jahre weit überstieg. Am Ende des Vortrags applaudierte das beeindruckte Publikum begeistert für seine Erfolge und aufschlussreichen Einsichten. Zu unserer großen Überraschung landete ein paar Wochen später ein Scheck in meinem Briefkasten, dem auch gleich eine neue Einladung für das kommende Semester beigefügt war – der verheißungsvolle Start von HKs aufblühender Karriere als Motivationsredner.

Eine prestigeträchtige, christliche Privatschule in einem Vorort von Nashville lud ihn zu einer Projektwoche über geistliche Themen ein. An einem Mittwochnachmittag trat er vor 300 Grundschülern mitsamt Eltern und Lehrern auf und sprach über die Themen »Gib das Beste, was du hast« und »Der Wert von Freundschaft«.

Er begann seinen Soloauftritt, indem er von seiner Sportbegeisterung erzählte und dass herausragende sportliche Leistungen Selbstvertrauen, Energie und die Bereitschaft zu vollem Einsatz erfordern. Dann berichtete er aus seinem Leben und von den ständigen Kämpfen, vor allem in der Schule. Zum Schluss sagte er: »Mein Freund Scott Hamilton, der 1984 bei den Olympischen Winterspielen die Goldmedaille im Eiskunstlauf gewonnen hat, sagte einmal zu mir: ›Die einzige Behinderung, die wir alle haben, ist eine negative Einstellung.‹ Ich habe noch nie eine negative Einstellung gehabt. Ich war schon immer blind und gelähmt und dagegen kann ich nichts machen, aber das ist okay, denn ich vertraue auf das, was Paulus in Philipper 4,13 geschrieben hat: ›Alles ist mir möglich durch Christus, der mir die Kraft gibt, die ich brauche.‹ Als ich merkte, dass ich einige körperliche Fähigkeiten besitze, habe ich mich deshalb«, so schloss er, »lieber auf sie konzentriert statt auf meine Begrenzungen. Und daraufhin habe ich bereits ein Flugzeug gesteuert, ein Pontonboot gelenkt und bin auf Pferden geritten.«

Auf seinen Vortrag folgten stehende Ovationen und donnernder Applaus der gesamten Zuhörerschaft aus Schülern und

Erwachsenen. Die zahlreichen Zuhörer, die sich ihre feuchten Augen mit Taschentüchern abtupften, entgingen mir nicht. Sein Soloauftritt ließ sich als beruflicher Einsatz verbuchen, als er dafür einen Gutschein über 100 Dollar für sein Lieblingsrestaurant erhielt.

Durch Mund-zu-Mund-Propaganda und die Erwähnung in den Medien begann sich HKs unglaubliche Geschichte, wie er Herausforderungen überwand und wie unsere ungewöhnliche Freundschaft begonnen hatte, zu verbreiten. Schon bald erhielten wir eine weitere Einladung für einen Bibelgesprächskreis am Sonntagmorgen. Diesmal hatten wir über 100 Zuhörer und saßen auf zwei Barhockern vorne im Saal. Wie beim ersten Mal erzählten wir die nicht einstudierte Version unseres gemeinsamen Werdegangs und ernteten dieselbe tränenreiche Reaktion.

Unsere bewegende Geschichte gelangte in Brentwood und Umgebung zu Gruppen, die auf der Suche nach inspirierenden Beispielen waren. Innerhalb weniger Wochen klingelte mehrfach mein Telefon und wie aus dem Nichts erhielten wir etliche Einladungen, unsere Geschichte zu erzählen. Die Zuhörer wollten noch mehr über HKs Leben erfahren, seinen erstaunlichen Sinn für Geburtsdaten erleben und sich von seinem Erfolg entgegen aller Widerstände inspirieren lassen. Ich verstand diesen Wunsch gut; etwas ganz Ähnliches hatte mich anfangs zu HK hingezogen.

Aber ich hatte ernsthafte Bedenken. Als ich über die Reaktionen auf unsere vorherigen Vorträge nachdachte, sagte ich zu HK: »Wenn wir als Motivationsredner auftreten wollen, und zwar häufiger, dann müssen wir das Publikum zum Lachen und nicht zum Weinen bringen.« Er wusste genau, was ich meinte. Wir begannen, unsere Vorträge einzuüben, und er lernte flink. Genau genommen kannte er unser Skript so schnell auswendig, dass wir es vor einem Auftritt nur einmal durchzugehen brauchten.

Wir fügten Humor hinzu, indem er extrem übertrieben erzählte, wie er in der Highschool verschiedene Sportarten ausprobiert hatte (na gut, vielleicht waren sie nicht nur übertrieben, sondern schlichtweg ausgedacht – was er dem dankbaren Publikum am Ende immer auch gesteht). Ein Beispiel für ein solches Märchen ist das über seine große Begeisterung nach dem alljährlichen Footballspiel zwischen Tennessee und Alabama, bei dem die *Crimson Tide* die *Volunteers* schlugen. Er hörte einen verärgerten Tennessee-Fan sagen:»Unser Quarterback muss blind sein, der kann einfach nicht anständig passen!«

»Kinder, das ist die beste Nachricht, die ich je gehört habe!«, bemerkte HK mit todernster Miene.»Ich bin blind – und wenn der Quarterback von Tennessee auch blind ist, kann ich im Footballteam meiner Highschool doch endlich Quarterback werden!« Das Publikum grölte.

Danach wurde er ernst und berichtete offen von seinen Behinderungen und wie sie ihn davon abgehalten hatten, mit»normalen« Kindern seines Alters zu spielen. Er erzählte dem Publikum, wie einsam es war, nichts tun zu können als den ganzen Tag nur Radio zu hören. Er schilderte, dass seine Lehrer viele Jahre lang nicht geglaubt hatten, dass er die nötige Fähigkeit zu lernen besaß und er je einen regulären Highschool-Abschluss schaffen würde. Zum Schluss unterstrich er, wie wichtig es sei, niemals jemanden aufzugeben, vor allem keine Kinder mit Behinderungen.

»Wenn ich das alles mit meinen Behinderungen kann, dann könnt ihr es doch erst recht, schließlich sind die meisten von euch nicht behindert.«

Hin und wieder zeigten sich die typischen Erscheinungen seiner Lähmung. Dann musste er wegen Verkrampfungen seines Körpers einige Momente pausieren, bevor er weiterreden konnte. Die Zuhörer kümmerte das kein bisschen. Es veranschaulichte nur die täglichen Herausforderungen, mit denen er von Geburt an zu kämpfen hatte.

Schließlich entwickelten sich unsere Vorträge zu einer dreiviertelstündigen, Mut machenden Ansprache unseres kleinen, hartnäckigen Überlebenskünstlers. Ich fand mich in der Rolle des Stichwortgebers für seine Witze wieder, der Abbott zu seinem Costello. Wir waren ein echtes Comedy-Duo. Nach jedem Treffen wollten Zuschauer ihn kennenlernen, vielleicht mit dem geheimen Wunsch, den Wochentag ihrer Geburt zu erfahren.

Die meisten professionellen Redner, die ich kenne, gestehen, dass sie Lampenfieber haben, bevor sie vor einem großen, Furcht einflößenden Publikum auftreten. Aber nicht HK. Er sagt sich: »Ich bin blind und kann die Zuschauer gar nicht sehen, weshalb sollte ich aufgeregt sein?« Klingt einleuchtend.

Heute bekommen wir mehr Einladungen, als wir annehmen können, sagen aber so viele zu, wie mein Arbeitsalltag erlaubt. Seine schlichte, motivierende Botschaft und seine tolle Lebensgeschichte berühren bei jedem Auftritt Menschen. Das Publikum scheint sich mit diesem Energiebündel identifizieren zu können und fühlt sich magnetisch von ihm angezogen. Wir haben schon in Schulen, Kirchen, Unternehmen und Bürgerhäusern gesprochen. Unser größtes Publikum bestand aus 4000 Studierenden und Lehrenden der Lipscomb-Universität in Nashville. Ich schätze, damit können wir beide die Bezeichnung »Uni-Dozenten« in unseren Lebenslauf schreiben.

Wenn ich an die unbeschreiblichen Hindernisse denke, die dieses Stehaufmännchen überwinden musste, kann ich nur darüber staunen, was er erreicht hat. Noch vor wenigen Jahren fiel es ihm schwer, eine normale Unterhaltung zu führen. Jetzt spricht er vor Tausenden und verbreitet eine Botschaft der Hoffnung und der Überwindung von Widerständen. Der paradoxe Segen dahinter ist mir nicht verborgen geblieben.

31

DIE FLUT

Das Frühjahr 2010 kam lammfromm daher. Die starke Erwärmung im April und die üblichen 90 Millimeter Regen ließen die Farben über Nacht explodieren. Die Bäume verwandelten sich in transparent-grüne Wunder und die Wildblumen und ihre gezüchteten Cousins kehrten gestärkt aus ihrem ruhigen Winterrückzug wieder. Als ich meine eiligen Schritte einmal verlangsamte, um dieses alljährliche, unbeschreibliche Ereignis zu bestaunen, wurde mir wieder einmal bewusst, warum ich so gern im Mittleren Tennessee mit seinen vier ausgeprägten Jahreszeiten wohne.

Am Freitag, dem 30. April, kamen langjährige Freunde aus Abilene in Texas zu Besuch. Da sie bei uns übernachteten, blieb HK an diesem Samstagabend bei Pearl. Ich wollte ihn dann am Sonntagmorgen zum Gottesdienst abholen und er würde mit uns allen zusammen Mittag essen. Für das Wochenende war fast durchgängig Regen angesagt, daher waren wir nicht überrascht, dass am Freitagabend leichter Nieselregen einsetzte.

Brenda war am Samstagmorgen schon früh auf den Beinen, um ein Landfrühstück zuzubereiten, dessen üppige Portionen unsere texanischen Gäste beeindruckten. Das war sie einfach ihrer Herkunft aus den Südstaaten schuldig. Mittlerweile hatte sich das leichte nächtliche Nieseln in anhaltenden Regen verwandelt. Wir dachten uns nichts dabei und hielten uns an die Bauernregel »Aprilregen bringt Maisegen«. Wir frühstückten gemütlich, tauschten uns über unsere Familien aus und erinnerten uns an die guten alten Zeiten.

Pikanterweise wies mein Freund gerade auf den zunehmenden Regen hin, als wenige Sekunden später eine Unwetterwarnung auf dem Bildschirm unseres Küchenfernsehers erschien. Ich drehte die Lautstärke gerade noch rechtzeitig höher, um die Hochwasserwarnung für Nashville und angrenzende Gebiete im Mittleren Tennessee zu hören. Mein Freund öffnete eine Wetter-App auf seinem Smartphone, die zeigte, dass heftige Regengebiete unmittelbar westlich von Brentwood langsam in unsere Richtung zogen. Das Gesprächsthema sprang schlagartig von der Familie zum drohenden Unwetter.

Die meiste Zeit des Jahres plätschert der Little-Harpeth-Fluss gemütlich hinter den Häusern auf der anderen Straßenseite entlang. Nur höchst selten tritt er über die Ufer – genau genommen ist das in den 36 Jahren, die wir hier wohnen, nur einmal vorgekommen. Trotzdem lag das Eckgrundstück, auf dem unser Haus steht, laut Katastrophenschutzbehörde im Überschwemmungsgebiet.

Am Samstagmittag lief das Wasser aus den Abflussgräben vor unserem Haus auf die Straße. Vorsichtshalber fuhr ich unser Auto auf eine Anhöhe. Um ein Uhr stand schon unser gesamter Vorgarten unter Wasser und der peitschende Regen ließ nicht nach. Plötzlich schrie Brenda von der anderen Seite des Hauses: »Da kommt Wasser durch die Wand im Hobbykeller!« Ich stürzte zu ihr und sah das Wasser im Hobbykeller schon 30 Zentimeter hoch stehen. Wir hatten gerade begonnen, die Möbel herauszuschaffen, als wir Sirenen hörten und Feuerwehrleute durch das knietiefe Wasser in unserem Garten waten sahen. Durch die Hintertür konnten wir deutlich Flammen erkennen, die aus dem Haus unserer Nachbarn schlugen.

Wenige Minuten später überfluteten die steigenden Wassermassen unsere zentrale Klimaanlage, was zu einem explosionsartigen Kurzschluss führte. Damit hatten wir keinen Strom mehr, aber zum Glück brach kein Feuer aus. Manche Nachbarn kamen nicht so glimpflich davon. An diesem Nachmittag durchbrachen in der Nachbarschaft regelmäßig Explosionen, manchmal begleitet von wogenden Flammen, das stetige Trommeln des Regens. Die Feuerwehr löschte das Feuer nebenan und eilte zum nächsten Haus, das von Flammen umschlossen war. Wir beobachteten, wie zwei ältere Nachbarn mit dem Boot weggebracht wurden, als das Wasser im Hobbykeller 60 Zentimeter hoch stand. Schließlich, um genau 16.47 Uhr, gab man uns fünf Minuten Zeit, unser Haus zu verlassen.

An jenem Samstag, dem 1. Mai 2010, war Pearl nicht zu ihrer normalen Schicht bei *Mrs Winner's* eingeteilt. Stattdessen fuhr sie HK zur Physiotherapie und kehrte anschließend bei sintflutartigen Regenfällen nach Hause zurück. Zum Fernsehgucken hatten sie an diesem Samstag wenig Lust, denn die Fernsehsender in Nashville unterbrachen alle ihr Wochenendprogramm, um live über dramatische Rettungsaktionen aus der Flut, ausgebrochene Feuer und über Highways zu berichten, auf denen unkontrolliert Gegenstände herumschwammen. Selbst da machte Pearl sich noch keine großen Gedanken über den steigenden Wasserpegel in ihrer Gegend.

Brenda und ich und unsere texanischen Gäste fanden zwei Straßen weiter Unterschlupf bei einem Freund, dessen Haus unbeschadet geblieben war von den Fluten. Besorgt rief ich um Viertel nach fünf HK an und erzählte ihm, dass wir in Sicherheit seien, aber evakuiert werden mussten. Außerdem wollte ich mich vergewissern, dass er und Pearl in Sicherheit waren. Pearl versicherte, sie hätten keine großen Probleme mit dem Wasser und fügte hinzu: »Bei uns stand früher schon hin und wieder Wasser, aber wir wurden nie überflutet, obwohl wir hier im Überschwemmungsgebiet liegen.« Als ich mit HK sprach, hörte ich heraus, dass er außer sich war vor Angst und sich große Sorgen machte, als er die Neuigkeiten von unserem überfluteten Haus hörte. Bevor er auflegte, versicherte er mir – zweimal sogar –, dass er mich lieb habe.

Der Dauerregen hielt noch bis Samstagabend und schließlich sogar bis zum frühen Sonntagmorgen an. Mal tröpfelte es, mal schüttete es. Am Sonntagvormittag rissen die Wolken auf, die Sonne erschien und die unbändigen Wassermassen begannen sich zurückzuziehen. Gegen 19 Uhr am Sonntagabend konnte ich durch das knietiefe Wasser in unserem Garten waten und zum ersten Mal wieder einen Blick in unser Haus werfen. Es bot sich ein Anblick, den ich nie wieder erleben möchte: Das Wasser im Hobbykeller stand beinahe 60 Zentimeter hoch, in der schlammigen Brühe trieben Möbel und alte Andenken. Unsere Straße stand noch immer unter Wasser und war nicht passierbar, sodass die Aufräumarbeiten warten mussten. Alle Flüge von und nach Nashville waren abgesagt worden und so blieben unsere texanischen Gäste mit uns bei unserem Freund, bis am Dienstmorgen der erste Flug nach Dallas startete.

Als der Regen nachließ, machten sich Pearl und HK am Sonntagmorgen auf nach Brentwood zu Pearls Schicht bei *Mrs Winner's*. Doch sie kamen nicht weit: Nur zwei Straßen führten zum

Highway und beide waren gesperrt und standen unter Wasser. »Ich kann heute nicht kommen«, informierte sie ihren Chef, als sie wieder daheim waren. Sie blieben im Haus und beobachteten, wie die unheilvollen Fluten stiegen.

Die diensthabenden Mitarbeiter des Ingenieur-Korps der US-Armee im Bezirk Nashville hatten keinen Grund anzunehmen, dass die zweitägigen Regengüsse der Wasserversorgung größere Probleme bereiten könnten. Das Ingenieur-Korps konnte sich auf etliche vom Staat unterhaltene Talsperren verlassen, die für die Trinkwasseraufbereitung sorgten, Schiffsverkehr ermöglichten, die Kraftwerke unterstützten und ein Freizeitangebot waren, um nur einige, zum Teil widersprüchliche, Aufgaben zu nennen. Diese Einheit des US-Militärs ist damit beauftragt, die verschiedenen Anforderungen zu erfüllen und zugleich durch ein Hochwasserschutzsystem die öffentliche Sicherheit zu wahren. Experten aus dem Wasserwirtschaftsamt trafen die Entscheidungen, wie viel Wasser abgelassen und wie viel in den zehn Talsperren des Cumberland verbleiben sollte. Ihre Entscheidung am Samstag, dem 1. Mai 2010, um 13 Uhr, den Hochwasserüberlauf der Old-Hickory-Talsperre 40 Kilometer flussaufwärts zu öffnen, veränderte die Innenstadt von Nashville und Pearl Derryberrys Flecken Erde für immer.

Ich rief Pearl und HK am Sonntag mehrmals an, um zu erfahren, wie es ihnen ging, und jedes Mal erzählte sie, dass das Wasser wieder ein wenig höher stand, selbst als die Wolken längst verschwunden waren und seit Stunden die Sonne strahlte. Zuerst hieß es: »Es steht an unserem Gartenzaun.« Die nächste Auskunft war schon beunruhigender: »Es kommt unseren Eingangsstufen immer näher.« Spätestens jetzt wusste Pearl, dass es nur eine Frage der Zeit sein würde, bis sie ebenfalls evakuiert würden.

Sie rief in HKs Schule an und fragte nach, ob er in den dortigen Internatshäusern unterkommen könnte. Er konnte. Um 21.45 Uhr packte Pearl William, HK, die Laufhilfe, die er in der Schule benutzte, um sich frei bewegen zu können, alle nötige Medizin und ein wenig Kleidung in ihren Pick-up, der schon knöcheltief im Wasser stand, und fuhr über Nebenstraßen, um HK für die Nacht im Internat unterzubringen. Dann fuhren sie und William in den Norden von Nashville, wo sie bei Freunden unterkamen, die nur zwei Schlafplätze anzubieten hatten: ihren Fernsehsessel und die Couch.

Am Montagmorgen bekam sie einen unerwarteten Anruf aus der Schule: Die Flut habe das überalterte Abwassersystem beschädigt, daher müssten die Schüler des ganzen Bundesstaates nach Hause zurückkehren. Pearl war gezwungen, HK mit zu ihren Freunden zu nehmen. Sie informierte William, dass er sich eine andere Bleibe suchen müsse, und holte HK auf dem Weg zu einer verkürzten Schicht bei *Mrs Winner's* ab. Nach ein paar Stunden Arbeit fuhren sie zurück, um nachzusehen, wie es in ihrer Gegend in East Nashville aussah.

Als sie in ihrer Straße über die Hügelkuppe fuhr und hinunterblicken konnte, blieb Pearl abrupt stehen und brach in Tränen aus. Sie konnte nicht glauben, was sie vor sich sah, und es dauerte eine geschlagene Minute, bis sie ihrem Enkel beschreiben konnte, was sich vor ihren Augen abspielte: Ihr 24 Jahre altes Haus stand mitten in einem kleinen See. Das Wasser floss über die Straßen und Absperrungen und blockierte jeglichen Verkehr. Selbst aus der Entfernung konnte sie erkennen, dass das Wasser 30 Zentimeter über dem Erdgeschoss stand. Es gab keinen Strom in der Gegend, alles war dunkel und verlassen wie eine Geisterstadt. Sie waren am Boden zerstört.

Brenda und ich blieben nur wenige Wochen ohne Dach über dem Kopf, bis die Stromleitungen wieder instand gesetzt waren. Es war Hochsommer und jeden Tag stiegen die Temperaturen. Installateure für Heizung und Klimaanlagen konnten sich vor Aufträgen nicht retten und die Wartelisten für Ersatzgeräte nahmen astronomische Ausmaße an. Als sich das Wasser zurückzog, begannen wir, im Hobbykeller die durchweichten Teppiche herauszureißen und nasse Trockenbauwände, Verkleidungen und Isolierungen zu entfernen. Überall in unserer Straße sprossen die Abfallcontainer wie Pilze aus dem Boden und quollen bald schon über mit vollgesogenen Möbeln, Teppichböden, Platten, Dämmmaterialien und persönlichen Gegenständen, die ruiniert waren.

Glücklicherweise waren wir gegen Flutschäden versichert. Die Hochwasserschutzbehörde meldete sich jede Woche bei uns. Wir fanden fähige Handwerker, die unser Haus in den kommenden fünf Monaten wieder in einen bewohnbaren Zustand versetzten. Verlängerte Wochenenden am See halfen uns, auf andere Gedanken zu kommen, und die fleißigen Handwerker hatten freie Bahn zum Arbeiten. Ich würde diese verheerende Flut nicht noch einmal erleben wollen, aber wir blieben als Familie noch halbwegs verschont. Wir waren glimpflicher davongekommen als viele andere in und um Nashville herum.

Scharenweise Freiwillige kamen in die Stadt und ihr Einsatz für den Wiederaufbau überstieg die Zerstörung der Flut bei Weitem. Ein Heer aus Ehrenamtlichen der Harpeth-Hill-Gemeinde und anderer Kirchen schwärmte nach East Nashville und in die Electric Avenue. Dutzende verschwitzter Arbeiter kamen von Tagesanbruch bis in die Nacht in Pearls Haus, wo sie sich durch die gesammelten Stücke eines ganzen Lebens arbeiteten und aufgeweichte Wände herausrissen.

Die unkontrollierbaren Fluten verursachten Sachschäden in Höhe von mehreren Hundert Millionen Dollar und emotionales Leid bei Tausenden Betroffenen. Mit einem Haus, das 30 Zentimeter unter Wasser stand, traf auf Pearl beides zu: Das beschwerliche Leben, das sie führte, weil sie sich um ihren behinderten Enkel kümmern musste, wurde durch die Folgen der Flut noch schwieriger und zog sie gefühlsmäßig in einen Strudel. Sie konnte den plötzlichen und entsetzlichen Verlust einfach nicht verarbeiten. Gegen Hochwasser war sie zwar versichert, hing aber emotional in der Luft und konnte weder Entscheidungen treffen noch den mühsamen Weg bergauf einschlagen. Sie sagte zu mir: »Ich halte nicht groß Ordnung und ein Großteil meiner Dinge wurde weggeworfen.« Ich vermute, dass sie am Rande eines Nervenzusammenbruchs stand.

Glücklicherweise schaltete sich unser Freund Gary Waller ein und bot ihr genau die richtige Unterstützung zur richtigen Zeit an. Er setzte sich mit Pearl zusammen und sagte ihr auf den Kopf zu: »Du bekommst eine glänzende Möglichkeit: Du kannst dieses Haus genauso renovieren, wie du es dir vorstellst, Pearl – und ich unterstütze dich darin.« Garys Worte und seine direkte Art halfen ihr, Schritte nach vorn zu wagen.

Er stellte den Kontakt zur Hochwasserschutzbehörde her und überzeugte sie davon, schnell und unbürokratisch Hilfszahlungen zu überweisen. Qualifizierte Handwerker waren rar in Nashville, aber Gary fand einen Bautrupp und beaufsichtigte die sechsmonatige Renovierung. Zu den größten Verbesserungen in Pearls renoviertem altem Haus gehörten größere Schränke, eine Waschküche, eine Küche, in der HK sich frei bewegen konnte, und eine Rampe vor und hinter dem Haus. Sie ließ das Haus zudem auf ein neues, knapp ein Meter höheres Fundament bauen. Beide Bewohner würden von nun an viel besser schlafen.

Damals kannte ich HK schon beinahe elf Jahre. Unsere Kameradschaft und Freundschaft war auf mehreren Ebenen tiefer geworden und ähnelte mehr der Beziehung zwischen Vater und Sohn. Die Erinnerungen an das Hochwasser von 2010 werden mich daher immer begleiten, nicht nur wegen der Schäden, die es an meiner Straßenecke hinterlassen hat, sondern wegen der emotionalen Belastung für HK. Ich habe mich nie ohnmächtiger gefühlt als in dieser Situation, in der er und Pearl mich gebraucht hätten, das Hochwasser es aber nicht zuließ. Wir sind dankbar, dass unsere Familien mit dem Leben davongekommen sind. Indirekt könnte man sagen, dass die Folgen des Hochwassers uns sogar einen guten Dienst erwiesen haben: Da wir uns an den Wochenenden von den Bauarbeiten fernhalten wollten, konnten wir noch mehr Zeit mit HK am See verbringen. Diese Episode hat meine herzliche, emotionale Beziehung zu diesem ganz besonderen jungen Mann noch weiter vertieft. Ich liebe ihn wie einen Sohn.

32

DIE ERINNERUNGSGABE

Nachdem HKs außergewöhnliche Fähigkeit, sich lebhaft an Daten und Ereignisse zu erinnern, jahrelang beobachtet worden war, wurde das Geheimnis seines Gedächtnisses im Jahr 2010 schließlich von denselben Medizinern entschlüsselt, die auch für das Wunder seines Überlebens verantwortlich waren. Seit seiner Teenagerzeit war HK wegen seiner Spasmen bei Dr. Tom Davis in Behandlung, einem Professor für Neurologie der *Vanderbilt*-Universität, der sich auf Bewegungsstörungen spezialisiert hatte. Dr. Davis war schon immer fasziniert gewesen von der Fähigkeit seines jungen Patienten, sich seine Krankengeschichte genau zu merken. Er musste nie in den Notizen der vorhergehenden Untersuchungen nachgucken, HK kannte alles auswendig: von seinem Blutdruck über den Puls bis zu anderen Untersuchungsergebnissen, dazu die Temperaturen und das Wetter bei jedem seiner Besuche. Damals fand Dr. Davis seine Wiedergabe dieser Daten einfach witzig und spannend.

Als er eines Tages gemeinsam Sprechstunde hatte mit Dr. Brandon Ally, der Gedächtnisleistungen erforschte und Hochschulassistent in Neurologie, Psychiatrie und Psychologie war, beschloss Dr. Davis, ihm von HK und seinem erstaunlichen Erinnerungsvermögen zu erzählen. »Ich habe einen Patienten, den du vielleicht kennenlernen solltest. Er kann sich scheinbar alles merken: Er vergisst einfach kein Detail, das sein Hirn einmal gespeichert hat.«

Der drahtige Gedächtnisspezialist mit Brille, der erst Anfang des Jahres an die medizinische Hochschule gekommen war, hatte ein Aufbaustudium in geriatrischer Psychologie in Harvard absolviert und in Boston drei Jahre auf dem Gebiet der kognitiven Neurowissenschaften geforscht. Er war verheiratet, hatte drei kleine Kinder und war bestens vorbereitet auf ein Leben in der medizinischen Forschung der renommierten *Vanderbilt*-Uniklinik.

Im Laufe seiner Karriere hatte Dr. Ally sich auf die Fragen rund um das menschliche Gedächtnis konzentriert und warum es durch Alter und Krankheit abnimmt. Finanziert von der staatlichen Gesundheitsbehörde, nutzten er und sein Assistent die umfangreiche Ausstattung der *Vanderbilt*-Universität, um neurowissenschaftliche Studien durchzuführen, die sich mit dem Gehirn beschäftigten. Die medizinische Forschung hat belegt, dass die Gedächtnisleistung eines Menschen mit 22 Jahren am höchsten ist. Dr. Ally wollte verstehen, wie und warum das Gedächtnis danach bei manchen langsam und bei anderen rapide nachlässt.

Als er von Dr. Davis' jungem Patienten hörte, war Dr. Ally zunächst skeptisch. Die wichtigste Eigenschaft eines guten Forschers ist eine gesunde Dosis Misstrauen – es ist ein Schlüssel in der Wissenschaft und entscheidet über die Qualität der Forschung. Dr. Ally wusste, dass jeder seine eigene Geschichte mit dem Gedächtnis hat: Entweder ist es genial oder bescheiden, meist je nach Alter. Er konnte gar nicht mehr sagen, wie viele Leute er schon getroffen hatte, die vorgaben, ein nahezu perfektes Gedächtnis zu haben. Erst nachdem er von HKs langjährigem

Kinderneurologen ähnliche Geschichten wie die von Dr. Davis gehört hatte, glaubte Dr. Ally, dass an den erstaunlichen Erzählungen etwas dran sein konnte.

Bei einer der nächsten Untersuchungen fragte Dr. Davis Pearl, ob sie Interesse hätte, mit Dr. Ally über HKs Gedächtnis zu sprechen. Sie willigte ein und HK war völlig begeistert. Endlich konnte er sein aufsehenerregendes Talent einem versierten Gedächtnisexperten vorführen, der helfen konnte, das Geheimnis in seinem Kopf zu entschlüsseln!

Dr. Ally erinnert sich nicht mehr, wann genau sie sich zum ersten Mal trafen – HK aber sehr wohl: Es war Freitag, der 28. Januar 2011. Er führte sofort seinen unterhaltsamen Geburtsdaten-Trick vor, aber der Gedächtnisforscher ließ sich kaum beeindrucken: »Jeder findet die Geschichte mit den Kalenderdaten cool«, erklärte er, »aber sie hat gar nichts mit dem Gedächtnis zu tun. Es handelt sich dabei vielmehr um eine mathematische Rechenleistung, die sein Kopf innerhalb von Sekunden bewältigt.«

Er erklärte Pearl, dass es sich eher um eine seltene Begabung handle, die normalerweise im Zusammenhang mit dem Asperger-Syndrom oder mit hochfunktionalem Autismus auftrete. HKs überragende Fähigkeit, sich an winzige Details aus Situationen zu erinnern, die Jahre zurücklagen, war dagegen für keines der beiden Syndrome typisch. Und darum, dessen war Dr. Ally sich bewusst, war HK ein hervorragender Kandidat für seine Studie zur Gedächtnisforschung.

Während der Gedächtnistests erfuhr Pearl, dass viel unseres heutigen Wissens über das Gehirn von ungewöhnlichen Fällen wie dem von Phineas Gage stammt, einem Eisenbahnarbeiter, der in den 1840er-Jahren einen Unfall überlebte, bei dem sich eine Metallstange durch sein Hirn bohrte. Anschließende Veränderungen in seiner Persönlichkeit brachten die Ärzte darauf, dass die verschiedenen Hirnareale ganz unterschiedliche Funktionen haben.

Der in der medizinischen Literatur in den 1950er-Jahren am häufigsten zitierte Fall ist der von Henry Molaison (H. M.). Um ihn von seinen heftigen epileptischen Anfällen zu befreien, wurden ihm ganze Teile des Gehirns entnommen: Hippocampus und Amygdala. Die Anfälle hörten auf, aber er verlor die Fähigkeit, neue Erinnerungen zu speichern. Seine Operation zeigte, dass diese beiden Hirnareale entscheidend sind für die Gedächtnisleistung.

Zwar hatte dem nie jemand große Aufmerksamkeit geschenkt, aber bekannt war HKs Erinnerungsvermögen schon seit seiner frühesten Kindheit. Dass er sich an jede Einzelheit seiner Krankengeschichte erinnern konnte, wurde seit seinem fünften Lebensjahr nach jedem Arztbesuch in seiner Akte vermerkt. Trotz seiner Blindheit wusste er auf der 30 Kilometer langen Fahrt zur Schule jederzeit genau, wo er sich befand. Nur allzu gern erinnerte er sich an verschiedene Ereignisse – egal, ob sie wichtig waren oder banal. Er erinnert sich, dass er am 13. Oktober 1999 bei den Wettkämpfen für Kinder mit Behinderungen den zweiten Platz im 60-Meter-Sprint erreicht hat und dass es an diesem Tag 21 Grad warm war. Er weiß noch genau, dass er am 19. März 2003 Nudeln mit Spinatsoße gegessen hat und anschließend *Star Search* im Fernsehen lief.

Er kann sich an jeden wachen Moment seit etwa seinem dritten Lebensjahr erinnern. Seine verstärkten Sinnesrezeptoren haben alle kleinen Vorkommnisse des Alltags gespeichert und jede Einzelheit aus Fernsehen, Radio und Gesprächen erfasst – selbst die unschönen Ereignisse, die die meisten schnell vergessen würden. Es ist genau so, wie er sagte: »Ich erinnere mich auch an das Negative, aber ich halte mich nicht damit auf, denn das ist Geschichte. Ich denke lieber an die schönen Dinge.«

Nach etlichen Besuchen bei Dr. Ally und seinem Forschungsleiter diagnostizierte man bei ihm *Hyperthymesie* (oder auch *hyperthymestisches Syndrom*), ein extrem ausgeprägtes autobiografisches Gedächtnis. Die Ärzte erklärten, es gebe zwei Typen des Langzeitgedächtnisses: Der erste Typ, das semantische Gedächtnis, speichert strukturiert Fakten, Bedeutungen, Konzepte und Wissen über die äußere Welt, die wir uns aus anderen Quellen als der eigenen Erfahrung angeeignet haben. Ein Beispiel ist das Wissen, das wir uns aus einem Buch aneignen und das Teil unseres inneren Lexikons all dessen wird, von dem wir wissen, dass es richtig ist.

Die zweite Art ist das episodische Gedächtnis, das uns ermöglicht, Bilder von Erlebnissen und konkreten Situationen (Episoden) abzurufen, die sich irgendwann in unserem Leben ereignet haben. Sich an besondere Einzelheiten der eigenen Hochzeit zu erinnern, ein Lied oder Gedicht auswendig zu lernen oder sich genau zu entsinnen, wo man war und was man gerade getan hat, als das zweite Flugzeug ins World Trade Center flog, sind Beispiele für das episodische Gedächtnis. Jeder normale Mensch kennt Erfahrungen mit dem episodischen Gedächtnis, vor allem im Zusammenhang mit besonders schönen oder traumatischen Ereignissen, die sich uns ganz tief eingeprägt haben. Aber ein extrem ausgeprägtes autobiografisches Gedächtnis geht noch viel weiter.

Typisch für Hyperthymesie – und ein entscheidendes Kennzeichen – ist die Fähigkeit, eine Art mentale Zeitreise unternehmen zu können, bei der die Gedanken mühelos in der Zeit zurückspringen, um die damalige Episode erneut genauso zu durchleben, wie sie damals passiert ist. Wenn diese Komponente fehlt, handelt es sich um ein ganz normales episodisches Gedächtnis.

Dr. Ally hat es folgendermaßen erklärt: »Wenn ich ihm eine Liste mit zehn Wörtern geben würde, die er auswendig lernen und in zwanzig Minuten wieder aufsagen soll (episodisches Gedächtnis) oder wenn ich ihn fragen würde, wie der 20. Präsident der Vereinigten Staaten hieß (semantisches Gedächtnis), würde sich HKs Gehirnleistung bei solchen Informationen nicht stark von unserer unterscheiden, weil es mehr darum geht, etwas auswendig zu lernen, als sich zu erinnern. Aber wenn ich ihn frage, was er an einem bestimmten Tag vor zwei Jahren gegessen oder im Fernsehen gesehen hat, dann kann er sich daran ganz genau erinnern. Das ist das autobiografische Gedächtnis.« HK sagt, in seinen Erinnerungen zurückzuspringen, sei ganz normal für ihn, es passiere einfach. Er wird zurück in die Situation versetzt und durchlebt die Erinnerung genauso, wie sie ursprünglich geschehen ist, als wenn in seinen Gedanken ein Videofilm abgespielt würde.

Wegen dieses extrem ausgeprägten autobiografischen Gedächtnisses wird es nie langweilig, wenn man mit HK zusammen ist. Es ist so, als säße neben einem immer eine lebendige Suchmaschine.

»Am Montag ist es neun Jahre her, dass der Tornado in der Innenstadt von Nashville wütete, am Montag ist der dritte Todestag von Präsident Ronald Reagan, am Donnerstag ist es sechs Jahre her, dass ich zum ersten Mal bei euch übernachtet habe, und am Sonntag jährt sich zum 39. Mal die Mondlandung.«

Ich persönlich profitiere von seinem Gedächtnis, weil er mich immer an die Jahrestage wichtiger Ereignisse erinnert. Dank HK bin ich ein Mann, der nie Ärger von seiner Frau bekommt, weil er ihren Geburtstag oder den Hochzeitstag vergisst. Andererseits kommt es häufiger vor, dass eigene Bemerkungen ungewollt wiederholt werden und peinliche Momente entstehen, wenn der beste Freund sich an alles erinnert.

HK und ich hörten einmal die Radioübertragung eines *Vanderbilt*-Spiels, in dem die Commodores 37:0 verloren. Blöderweise sagte ich unbedacht, dass Collegetrainer viel Geld verdienen, um zu gewinnen, und häufig gefeuert werden, wenn sie zu viele Spiele verlieren. Ich schloss meinen Gedanken mit der Bemerkung: »Und das könnte auch dem *Vanderbilt*-Trainer passieren.« HK antwortete: »Das ist so traurig, wenn Trainer gefeuert werden, wenn sie nicht viele Spiele gewinnen.«

Spulen wir zwei Jahre vor zu dem Tag, an dem ich Kevin Stallings, den Cheftrainer der Basketballmannschaft von *Vanderbilt*, kennenlernen durfte. Als er von meinem jungen Kameraden und großen *Vanderbilt*-Fan hörte, lud er uns ein, beim Training in der Memorialhalle zuzusehen. Trainer Stallings erblickte uns, als wir die Sporthalle betraten, und winkte uns zu zwei Plätzen direkt neben dem Spielfeld. Dann kam er zu uns und begrüßte uns.

»Hi HK.«

»Hi. Wie heißen Sie?«

»Ich bin Kevin Stallings.«

»Was sind Sie von Beruf?«

»Ich bin Cheftrainer der Basketballmannschaft von *Vanderbilt*.«

»Kevin, Kevin, ich muss Ihnen erzählen, was Mr Bradford gesagt hat. Er hat gesagt, wenn Sie dieses Jahr nicht so viele Spiele gewinnen, werden Sie gefeuert.«

Ich starrte ein Loch in den Boden und wünschte, ich könnte hineinkriechen, während der Trainer versicherte, dass sein Job derzeit auf stabilen Füßen ruhe. Trainer Stallings blieb fest am Steuer der Basketballmannschaft von *Vanderbilt*, ich allerdings wurde seither nicht wieder in die Memorialhalle eingeladen …

Dr. Ally wies in seinen Untersuchungen nach, dass HKs außergewöhnliches Gedächtnis nichts mit seiner Intelligenz zu tun hat. Die Studie bestätigte seine Hyperthymesie, aber auch seinen ganz normalen IQ von 97. Das Ungewöhnliche ist die Genauigkeit seiner Erinnerungen. Als ich HK als Neunjährigen kennenlernte, besaß er seine außergewöhnliche Erinnerungsfähigkeit bereits – aber niemand wusste davon. Sein überragendes Gedächtnis war noch nicht so ausgebildet, dass es Aufsehen erregte. Nachdem er seine neu entdeckte Begabung ein paar Jahre ausgeübt hatte, belegten Tests, dass sein Erinnerungsvermögen im Alter von elf Jahren auf 90 Prozent gestiegen war. Heute ist es nahezu komplett.

Mithilfe der modernsten strukturellen MRT-Technologie, die es damals gab, entdeckten Dr. Ally und seine Mitarbeiter zwei wichtige Faktoren, die HKs Hyperthymesie erklären könnten: seine Amygdala war viermal größer als normal und ihre Verbindungen zum Hippocampus waren zehnmal stärker. Sie schlussfolgerten, dass diese außergewöhnlich große Amygdala jede persönliche Erfahrung mit einer Bedeutung für das eigene Selbst und mit Gefühlen auflädt, sodass ganz normale, alltägliche Erlebnisse zu fundamentalen Lebensereignissen werden. Man kann an den Beschreibungen von HKs emotionalen Reaktionen in diesem Buch ablesen, dass diese Diagnose genau der Wirklichkeit entspricht: Jedes Ereignis erhält die Bedeutung einer großen Lebenserfahrung.

Dr. Allys Forschungen über HK wurden im April 2012 in der Zeitschrift *Neurocase* veröffentlicht, in der 2006 auch vom ersten bekannten Fall von Hyperthymesie, einer Frau namens Jill Price, berichtet worden war. Als das Syndrom einmal einen Namen hatte, schrieb man es einer Handvoll Leuten zu, unter anderem der Schauspielerin Marilu Henner, die in *Titanic* mitgespielt hat. HK war erst der zweite Fall, der in der wissenschaftlichen Literatur beschrieben wurde, und der erste, bei dem strukturelle MRT-Bilder seines Gehirns vorlagen.

Dr. Ally und sein Team glauben, ihre Erkenntnisse aus HKs Fall könnten verändern, wie Wissenschaftler über das autobiografische Gedächtnis denken. Ein Kennzeichen für diesen Gedächtnistyp ist die Bilderwelt, die das Gehirn mithilfe unserer Sehfähigkeit verarbeitet. Die bildgebenden Untersuchungen zeigten, dass die Regionen seines Gehirns, die normalerweise für die Sehfähigkeit zuständig sind, trotz seiner Blindheit gut funktionierten und verknüpft waren mit anderen Hirnregionen.

Mit anderen Worten: Die Bereiche seines Gehirns, die für seine Sehkraft zuständig sind, sind gesund und aktiv, obwohl kein funktionierender Sehapparat vorhanden ist. Da sie nicht von Sehkraft beansprucht wurden, haben sie sich möglicherweise anderer Gehirnfunktionen angenommen, wie eben dem Gedächtnis, und sorgen so für ein überragendes Erinnerungsvermögen. Dr. Ally hofft, auch bei anderen Menschen, die von Geburt an blind sind, funktionelle bildgebende Verfahren einsetzen zu können und so zu erforschen, welche Rolle diese Gehirnregion für die Erinnerung spielt.

Dr. Allys weitergehende Studien bringen wichtige Erkenntnisse für die Alzheimer-Krankheit. Das autobiografische Gedächtnis gehört zu den ersten Funktionen, die bei Alzheimer-Patienten zum Erliegen kommen. HKs Fall könnte auf mögliche Stellen für eine Tiefenhirnstimulation oder wirkungsvolle medikamentöse Therapien hinweisen.

Dr. Brandon Ally zog mit seiner Familie nach Nashville, ohne zu ahnen, dass nur elf Kilometer vom *Vanderbilt*-Campus entfernt ein Mensch mit einem perfekten autobiografischen Gedächtnis wohnt. Mit Staunen in der Stimme sagte er über diesen glücklichen Umstand: »Geht man davon aus, dass nur eine Handvoll Menschen auf der ganzen Welt Hyperthymesie haben, war das definitiv eine einmalige Karrierechance.«

33

KÖNIG DES ABSCHLUSSBALLS

Als HK in die Mittelstufe kam, hatte er heftig zu kämpfen. Sein autobiografisches Gedächtnis verschaffte ihm für komplexere Themen keinen Vorteil und es fiel ihm schwer, die Leistungen zu bringen, die von staatlicher Seite für einen Abschluss verlangt wurden. Im Schuljahr 2006/2007 kam er in die siebte Klasse und lernte nach demselben Lehrplan wie alle Siebtklässler in Tennessee. Schon nach einem Monat geriet er ins Straucheln, nervte die Lehrer und hemmte seine Klassenkameraden in ihrem Lerntempo. Diesmal hatten die Lehrer keine Wahl – er wurde eine Klasse zurückversetzt.

Aber der bereits erwähnte Bill Schenk und eine Handvoll weitere Pädagogen hörten nie auf, an HKs Können zu glauben. Sie unternahmen alles, um ihn anzuspornen, und er klemmte sich tatsächlich dahinter. In dem Wissen, was für ihn auf dem Spiel stand, kämpfte er sich durch die schwierigen Fächer. Lernen war seine oberste Priorität, wenn er bei uns war. Hin und wieder ließ er das Radio im Hintergrund laufen, aber es schien ihn nie abzulenken. Ich bot ihm alle notwendige Hilfe an, aber meine Unterstützung begrenzte sich am Ende darauf, ihm das richtige Schulbuch auf den Tisch zu legen oder sein Braillegerät mit

Papier zu befüllen. Er wusste genau, wo seine Hausaufgabentexte anfingen, und brauchte selten mehr als meine Augen und Hände.

HK wusste, was es bedeutete, eine Klasse zurückgestuft zu werden: Seine einzige Chance, den Highschool-Abschluss auf regulärem Weg zu machen, war gefährdet. Er schaltete beim Lernen den Turbogang ein, sah am Wochenende bis zu sechs geschlagene Stunden in die Bücher und machte nur eine Pause, damit ich Papier nachfüllen oder ihm ein Glas Schokoladenmilch bringen konnte. Er blieb bei der Stange, war zielstrebig und fest entschlossen, sich so sehr anzustrengen, dass er seine Defizite ausglich. Er gab nie auf, sondern strengte sich umso stärker an, um es denen zu beweisen, die an ihm zweifelten.

Am Ende des Schuljahres übertraf HK sogar seine eigenen Erwartungen. Seine eisernen Bemühungen verschafften ihm einen Platz unter den leistungsstärksten Schülern, aber die beste Nachricht erfuhr er am letzten Schultag: Er hatte nicht nur alle nötigen Qualifikationen für die siebte, sondern gleich für die achte Klasse erbracht! Genauso stetig kam er in seiner gesamten Highschool-Laufbahn voran. Als 2011 sein letztes Schuljahr begann, lag er leistungsmäßig ungefähr im Klassendurchschnitt.

Die positiven Erfolge seiner Bemühungen verliehen seinem Selbstvertrauen einen großen Schub. Er war stolz auf seine schulischen Leistungen und begeistert, wenn seine Anstrengungen zu guten Noten führten. Das Fach, das ihm in der Oberstufe am schwersten fiel und am wenigsten Freude bereitete, war Mathematik. Ich konnte es ihm sehr nachfühlen. Seitdem ich meinem eigenen Matheunterricht entkommen war, hatte ich jede Begegnung mit einer $x=y$-Gleichung sorgsam vermieden. Daher war ich ihm leider keinerlei Hilfe. Aber ich staunte über seine bemerkenswerte Fähigkeit, komplizierte Matheaufgaben mithilfe seines

Braillecomputers zu lösen und die Antworten in sein Braillegerät einzugeben.

Er gab sich nicht damit zufrieden, die Highschool in schulischer Hinsicht zu bestehen, er wollte auch an anderen Angeboten teilnehmen. Er hatte immer davon geträumt, einen Mannschaftssport auszuüben, war aber realistisch genug zu wissen, dass das utopisch war. Deshalb entschied er sich, stattdessen Cheerleader des Wrestlingteams zu werden. Außerdem sang er gern und trat dem Schulchor bei.

Beim jährlichen Braillewettbewerb trat HK mehrfach gegen blinde Schüler aus Nachbarstaaten an. Der Bürgermeister von Nashville, Karl Dean, berief ihn in den beratenden Ausschuss für Menschen mit Behinderungen. Dafür nahm HK 2012 am Forum für junge Leiter mit Behinderungen der *Vanderbilt*-Uni teil und besuchte die Tagung vom US-Bund für blinde Schüler in Chattanooga. Da er regelmäßig Vorträge in Rotary-Clubs hielt, wurde er zum Ehrenbürger meiner Heimatstadt Athens/Alabama ernannt und zum Ehrenmitglied in fünf Rotary-Clubs in drei verschiedenen US-Staaten.

In der Oberstufe wurden immer Klassenringe für die Schüler ausgesucht. Bei ihm wurden sie schon in der elften Klasse bestellt und trafen gegen Ende des Schuljahres ein. Daher konnten die frischgebackenen Abschluss-Kandidaten ihre Ringe schon über ein Jahr vor der Abschlussfeier tragen. HK war stolz auf seinen Klassenring: Er erinnerte ihn immer an die enorme Leistung, die ihm viele nicht zugetraut hätten.

Ich war der Erste, den er an dem Tag anrief, als er seinen Ring bekam. Am nächsten Abend holte ich ihn zu unserem regelmäßigen Männerabend am Donnerstag ab. Als ich Pearls Wohnzimmer betrat, konnte er seine Begeisterung kaum bändigen: Er hob seine linke Hand hoch über den Kopf, um mir den glänzenden Klassenring in Silber mit rubinrotem Stein zu zeigen. Ich nahm seine Hand, bestaunte den Ring, und sah, dass er ihn am Zeigefinger trug. Erst dachte ich einfach, er wolle ihn nicht am schmaleren Ringfinger tragen, damit er ihn nicht verlor. Aber dann musste ich doch nachfragen.

Er wackelte mit seinem leeren Ringfinger und erklärte: »Mr Bradford, ich halte diesen Finger noch frei, denn wenn ich eine Frau finde, die mich liebt und heiraten möchte, will ich dort meinen Ehering tragen.« Ich sah ihn nur überrascht an und dachte: *Kennen die Ambitionen dieses jungen Mannes denn gar keine Grenzen?*

Während des Abschlussjahres unternahm HKs gesamte 17-köpfige Klasse eine Traumreise. Er weiß noch, dass es am Freitag, dem 9. Dezember 2011, losging. Die Gruppe aus blinden und eingeschränkt sehfähigen Schülern flog von Nashville nach Denver/Colorado. Für viele war es der erste Flug mit einer Passagiermaschine. Vom Flughafen aus fuhren sie zwei Stunden mit dem Bus nach Aspen ins Ski-Resort *Snowmass Village*. In diesen fünf Tagen erlebten diese Abschlussschüler – die zum Teil wie HK gleich mehrere Behinderungen hatten – ein unvergessliches Abfahrtski-Abenteuer.

Speziell ausgebildete Skilehrer kümmerten sich individuell um jeden Schüler und stellten Ausrüstungen bereit, die den Bedürfnissen jedes Einzelnen entsprachen. Am Ende des ersten Tages konnte jeder Schüler – fest an einen Skilehrer geschnallt – den Wind in Gesicht und Haaren, den unvergleichlichen Rausch bei der Abfahrt erleben. Als er von seinen Erlebnissen erzählte, berichtete HK stolz, dass er nicht einmal auf der Piste hingefallen sei. Die Skilehrer ernannten ihn sogar zum »Besten blinden

Skifahrer aller Zeiten« und er brachte eine Urkunde mit, die das bestätigte.

Ein paar Wochen nach seiner Rückkehr traf ein Umschlag in Nashville ein, der an »Mr HK Derryberry« adressiert war. Alle Skilehrer hatten unterschrieben und erklärt, wie schön es gewesen sei, ihn bei den gemeinsamen Fahrten auf den Pisten kennenzulernen. Sie seien zutiefst beeindruckt von seiner stets positiven Einstellung und schlossen mit den Worten: »Wir waren bewegt wie nie zuvor.« Ein Einkaufsgutschein über 100 Dollar war beigefügt. Für eine Gruppe von Collegestudenten, die in der Skisaison nebenbei als Skilehrer arbeiteten, war das sicherlich ein großes Opfer. Wo immer er hinkam, war der kleine Taschendieb am Werk.

Als wäre ein Highschool-Abschluss noch nicht genug, sprach HK leidenschaftlich von einem möglichen Collegestudium. Als er es zum ersten Mal Brenda gegenüber erwähnte, antwortete sie: »HK, das wäre traumhaft, aber dafür bräuchtest du jemanden, der dich auf dem Campus unterstützt.« Dann warf sie mir einen deutlichen Blick zu, als wolle sie sagen: »Und ich weiß auch, wer dieser Jemand sein wird.« Und nach einer dramatischen Pause begann sie zu zählen: »72, 73, 74 und 75.«

»Was sollen diese Zahlen bedeuten?«, fragte HK.

»Das ist das Alter, in dem Mr Bradford während deiner Collegejahre sein wird. Vermutlich wird er der älteste Studieneinsteiger der Welt.«

HKs Abschlussball war eins der Highlights seiner Highschool-Zeit. Der Abend war immer ein besonders glamouröser Auftritt für die Abschlussschüler und HK stand dem in nichts nach. Er beeindruckte die gesamte Versammlung, als er schick gekleidet in schwarzem Smoking mit Fliege und weinrotem

Kummerbund erschien. Aber das größte Aufsehen verursachte sein Erscheinen, weil er Miss Brooke Sage am Arm hereinführte, eine attraktive, blonde und sehende Oberstufenschülerin der Franklin-Highschool. Sie war ein nettes Mädchen und gehörte zu seinem engeren Freundeskreis. Sie hatte gefragt, ob sie ihn zum Abschlussball begleiten dürfe.

HKs enormer Kampf und seine stets positive Einstellung bei der Überwindung seiner Lernschwierigkeiten hatten bei allen Schülern großen Eindruck hinterlassen. In einer kurzen Pause der Feierlichkeiten beim Abschlussball verkündeten die Organisatoren eine Überraschung: Nach Auszählung aller Stimmen stand fest, dass ihn seine Mitschüler zum König des Abschlussballs gekürt hatten – was eine der begehrtesten Auszeichnungen der Schule war!

Am 1. Juni 2012 schritt William HK Derryberry über die Bühne der Aula und nahm die Urkunde für seinen Highschool-Abschluss in Empfang – seinen beiden Eltern war dies verwehrt geblieben. Nashvilles Bürgermeister Dean hatte ihm versprochen, zur wichtigen Abschlusszeremonie zu erscheinen. Er hielt sein Versprechen und saß in der ersten Reihe mit größerem Gefolge, zu dem Grammy und Freunde aller Altersgruppen gehörten, die dieses besondere Ereignis erleben wollten.

HKs erfolgreiche Schullaufbahn wurde von mehreren Preisen und persönlichen Auszeichnungen gekrönt. Der Bürgermeister überreichte ihm den Trey-Pointer-Award für junge Mitbürger und HK wurde von der Blindenschule ausgezeichnet als »Persönlichkeit mit Charakter«.

Als meine Töchter viele Jahre zuvor denselben Meilenstein erreichten, hatte ich das Gefühl, dass die Zeit viel zu schnell vergangen war. Dasselbe Gefühl ergriff mich nun erneut, als ich HK über die Bühne laufen sah. Ich fragte mich, was aus dem kleinen, schüchternen, einsamen Jungen geworden war, den ich vor fast 13 Jahren bei *Mrs Winner's* kennengelernt hatte. Nun war er 21 Jahre alt – allerdings nur 1,25 Meter groß, wog 65 kg und sah immer noch extrem jung aus für sein Alter.

In diesen 13 Jahren hatte ich seine Verwandlung von einem kleinen Jungen ohne Kontakte, der sich kaum unterhalten konnte, in einen selbstsicheren jungen Mann mit Persönlichkeit, Charme und Energie mitverfolgt. Als ich ihn nach seinen Hoffnungen und Träumen für die Zukunft fragte, war er um eine Antwort nicht verlegen: »Neben der Arbeit als Motivationsredner möchte ich nach dem College auf der Neugeborenenstation der *Vanderbilt*-Klinik arbeiten.« Angesichts seiner offensichtlichen Beeinträchtigungen erklärte er bedächtig: »Ich kann Telefonate beantworten, mit den Eltern reden, kranke Säuglinge wiegen und ihnen erzählen, dass sie einmal ein schönes Leben führen werden, genau wie ich.«

Und da begriff ich: Selbst wenn seine Behinderungen immer spürbar blieben, brachte er mittlerweile ein großes Maß an Charisma mit. Es war eine versteckte Gabe mit großem Potenzial, die seine Großmutter nie erwartet hätte – aber Gott wusste die ganze Zeit um sie.

34

»ICH GLAUBE,
SIE HÄTTE MICH GELIEBT«

Heute ist Freitag, der 16. Oktober 2015. Ich sitze in unserer Küche, trinke Kaffee aus meiner *Auburn-Tigers*-Tasse und sehe vor mir die prächtigen Herbstfarben im Mittleren Tennessee. Zwar schien den ganzen Tag herrlich die Sonne, aber eine Kaltfront hat die Temperaturen seit dem frühen Morgen sinken lassen. Die Blätter tanzen im eisigen Wind, bevor sie sich auf dem Rasen verteilen und die letzten grünen Spuren des ausgehenden Sommers bedecken. Die Nacht könnte uns den ersten Frost bringen, auf den ein plötzliches Wiedersehen mit langen Ärmeln und Pullis folgen wird. Ich muss lächeln, als Erinnerungen hochkommen und mich zurückversetzen an einen ganz ähnlichen Tag wie diesen, einen Tag vor genau 16 Jahren. Den Tag, als ich HK Derryberry zum ersten Mal sah.

Ich habe noch oft über meine Entscheidung nachgegrübelt, an jenem Tag links statt rechts abzubiegen. Wenn ich heute zurückblicke, weiß ich, dass diese kleine Entscheidung mein Leben verändert hat. Ich weiß nur, dass Gott an diesem Samstagmorgen mein Navi war und er einen Auftrag für mich hatte.

Ich kann es kaum fassen, dass die Zeit so schnell vergangen ist. In meinen Erinnerungen habe ich viele herzergreifende, lustige und auch ein paar peinliche Geschichten gespeichert, die typisch sind für meinen Weg mit HK. Ich hätte die großartige Verwandlung dieses kleinen, schüchternen Jungen, der mit seinen Beinschienen allein in seiner Welt bei *Mrs Winner's* saß, auch leicht verpassen können.

Im Juli 2015 hat HK seinen 25. Geburtstag gefeiert – ein Meilenstein, den selbst die Koryphäen der neonatalen Intensivstation der *Vanderbilt*-Klinik nach den ungewissen 90 Tagen unter ihren Fittichen als Wunder betrachten. Ich danke Gott jeden Tag für die Entscheidung seiner Oma mütterlicherseits, für sein Leben zu kämpfen, und es schaudert mich, wenn ich daran denke, dass sie damals genauso gut das Gegenteil hätte beschließen können.

Genau wie er den Damen sagt, die er kennenlernt: HK sieht keinen Tag älter aus als 18. Heute hat er kaum noch Ähnlichkeit mit dem süßen, kleinen Jungen, den ich 1999 an dem kalten Herbstmorgen kennenlernte. Er ist größer, hat einen ordentlichen Haarschnitt und – dank Zahnspangen und der zahnärztlichen Behandlung durch einen befreundeten Zahnarzt und sein Team – ein strahlendes Lächeln. In seiner modernen, zeitgemäßen Kleidung sieht er schick aus und seine einnehmende Persönlichkeit und seine vorbildliche Fähigkeit zu kommunizieren ziehen Menschen magnetisch an.

Genauso wenig hat mein Spiegelbild noch viel Ähnlichkeit mit dem Mann, den HK vor 16 Jahren kennenlernte. Ich war damals 56, nun werde ich bald 73. Ich erwäge ernsthaft, bald in Rente zu gehen. Mein ehemals braunes Haar wird langsam dünn und grau; meine Krähenfüße um die Augen haben sich unaufhaltsam in mein Gesicht gegraben. Es gibt mir den Rest, wenn sogenannte *Freunde* anmerken, ich sähe aus wie mein Großvater früher.

Brenda arbeitet weiter im Außendienst und ist eine wundervolle Oma für Mac und Catherine in North Carolina. Sie nimmt regen Anteil am Leben unserer beiden Töchter und ist Expertin für Nachrichten auf dem Handy geworden, über die sie die Kontakte pflegt. Am liebsten verbringt sie sonnige Sommertage im Haus am See und mit unseren Freunden in Florida. Die Freitagabende sind noch immer »Erwachsenenanlässen« vorbehalten. Wir führen diesen Abend fort, weil ich mir nicht sicher bin, ob Brenda die ganzen Albernheiten, die HK und ich aushecken, wirklich schätzt – wie aus vollem Halse zu schmettern oder Basketball in der Badewanne zu spielen. Aber sie nimmt sie gnädig hin und sagt meist nicht viel dazu. Wenn der Lärm aus dem Hobbykeller zu laut wird, schließt sie einfach die Tür und macht ihr eigenes Ding.

Pearl weiß, dass aus den Zitronen des Lebens nicht immer Limonade wird. Sie hatte bereits mehr als eine Portion Zitronen im Leben gehabt, als am Freitag, dem 18. Juli 2008, ein neuer Geschäftsführer die Filiale von *Mrs Winner's* übernahm. Ob es nun der Richtlinie des Unternehmens entsprach oder nicht, jedenfalls verkündete ihr neuer Chef kurzerhand, dass HK sich nicht mehr im Restaurant aufhalten könne, wenn sie am Tresen arbeite. Ich erinnere mich immer noch an ihren verzweifelten Anruf und ihre zitternde Stimme, als sie mich bat, HK sofort abzuholen. Ihm blieb eine Viertelstunde Zeit, um das Lokal zu verlassen, sonst hätte sie an diesem Tag nicht arbeiten können und auf einen Tageslohn verzichten müssen – was sie sich nicht leisten konnte.

Als ich die vertraute Imbissstube betrat, war Pearl in Tränen aufgelöst und HK verstört. Er verstand nicht, weshalb er gehen sollte. Pearl konnte nicht kündigen, weil sie auf ihre Teilzeitstelle angewiesen war. Daher arbeitete sie, so unglücklich sie damit auch war, unter der neuen Geschäftsführung weiter. Aber für HK und mich war es unser letzter Besuch bei *Mrs Winner's*.

Anderthalb Kilometer entfernt fanden wir ein neu eröffnetes Fast-Food-Restaurant und aßen dort. Ein einziger Besuch bei *Chick-fil-A*, einer in Atlanta gegründeten Kette, die mit dem »Original-Hähnchenburger« wirbt, genügte und wir erklärten es zu unserem neuen Lieblingslokal. Von da an stillten wir hier donnerstags bei unserem Männerabend unseren Hunger auf Hühnchen und holten uns anschließend mit Freunden unsere wöchentliche Dosis Bluegrass ab.

Eines Donnerstagabends stellte sich der Geschäftsführer des Fast-Food-Restaurants vor und schloss augenblicklich Freundschaft mit HK. Liebend gern stellte er ihn anderen Kunden vor und hin und wieder sogar *Chick-fil-A*-Führungskräften, die gerade in der Stadt waren. Sein Bruder, der Filialleiter, schloss HK ebenfalls ins Herz und gemeinsam ernannten sie ihn zu ihrem »inoffiziellen« *Chick-fil-A*-Botschafter.

Neben den Donnerstagabenden verbrachte HK nun die meisten Wochenenden bei uns, daher kehrten wir meist auch samstagmorgens bei *Chick-fil-A* ein. Einmal feierten wir dort mit der gesamten Belegschaft seinen Geburtstag. Sie überraschten ihn mit 52 Gutscheinen – einen für jede Woche des Jahres – für das Menü Nummer eins: Chickenburger, Waffel-Röstis und Getränk. Damit begann eine Geburtstagstradition, die diese beiden großzügigen Herren bis heute fortführen. Ich verwahre seine wertvollen Geschenkgutscheine in meinem Handschuhfach und händige ihm jeden Donnerstagabend, bevor wir das Restaurant betreten, einen aus.

Dank der Verbindungen des Filialbetreibers zum Hauptsitz von *Chick-fil-A* haben HK und ich am 13. Oktober 2014 im Firmensitz in Atlanta die Andacht gehalten. Wir haben in Georgia viele Freundschaften geschlossen und mehr als 400 Angestellte haben uns mit donnerndem Applaus begrüßt. Anschließend durften wir hinter die Kulissen schauen und auch das unberührte Büro von Mr S. Truett Cathy, dem Gründer und Vorstandsvorsitzenden des Unternehmens, besichtigen. HK zählt nun den Sohn des Gründers und derzeitigen Vorstandsvorsitzenden und Geschäftsführer, Dan T. Cathy, zur stetig wachsenden Schar seiner Freunde.

Den Unterschied zwischen HKs Sprachfähigkeiten damals, als ich ihn kennenlernte, und heute finde ich einfach erstaunlich. Anfangs konnte er kein normales Gespräch führen, heute bereitet es ihm keinerlei Mühen, mit mir vor einem großen Publikum zu sprechen und mit seiner Geschichte die Zuhörer zu fesseln und Herzen zu erobern. In den vergangenen fünf Jahren haben wir Hunderte Male vor insgesamt mehr als 12000 Leuten gesprochen, obwohl wir niemals für unseren Dienst geworben haben. Jede Einladung erhalten wir durch reine Mund-zu-Mund-Propaganda oder durch die Website (hkderryberry.com), die wir vor zwei Jahren eingerichtet haben.

HK hat großen Spaß daran, ein Publikum zu unterhalten. Daher versuchen wir so viele Einladungen wie möglich anzunehmen. Ein Freund von mir, der hauptberuflich Redner ist, fragte mich einmal nach unserer Honorarstruktur. Ich erinnere mich noch, dass ich dachte: *Welche Honorarstruktur?* Nachdem er unseren dreiviertelstündigen Vortrag gesehen hatte, überzeugte er mich schnell, dass es einen lohnenden Markt für unsere Vorträge gibt, und wir folgten seinem Rat und legten Honorare fest.

Ich bin immer verwundert, wenn wir eine Einladung für einen Vortrag bekommen. Wer hätte je gedacht, dass wir einmal dafür bezahlt werden würden, im ganzen Land vor Publikum aufzutreten? Wir waren die Hauptreferenten bei Goodwill Industries, bei Versammlungen von Behandlungsanbietern in Tennessee, North Carolina, South Carolina und Georgia und bei der jährlichen Konferenz der *United Cerebral Palsy* 2014 in Nashville. Außerdem haben wir vor vielen Rotary-Clubs in den Südstaaten gesprochen, vor sozialen Organisationen, Firmen, Schulen, Unis und Gemeinden.

Ich konnte mit eigenen Augen verfolgen, wie dieser problembeladene Junge mit Behinderungen sein Leben so normal wie möglich lebt. HK war nie deprimiert oder wirkte mutlos, wenn wir zusammen waren. Und ich habe ihn nur zweimal weinen sehen: einmal, als ich mich in der Imbissstube von ihm verabschiedete, und das andere Mal nach der schmerzhaften Beinmuskel-OP. Wenn ich frage, wie sein Tag war, ist seine typische Antwort ein lautes »Bestens, bestens, bestens!«, das von Herzen kommt.

Pearl ging offiziell in Ruhestand, als die Imbissstube am 4. August 2013 schloss. Dank umsichtiger Vorsorge und geringer Ausgaben können sie und HK ein gutes, wenn auch bescheidenes Leben führen. Seine wachsenden Ambitionen werden sie noch viele Jahre jung halten. Dennoch weiß HK um die Endlichkeit des menschlichen Lebens und macht sich Gedanken um seine Zukunft. Kürzlich sagte er zu mir: »Mr Bradford, wenn Grammy etwas zustößt, möchte ich, dass *Sie* sich um mich kümmern.«

Offenbar hatte HK nicht daran gedacht, dass Grammy und ich ganz ähnlich alt sind und es beim normalen Lauf der Dinge durchaus wahrscheinlich ist, dass wir beide vor ihm sterben.

Deshalb fließen alle Honorare und andere Einnahmen aus HKs Lebensgeschichte, auch die aus diesem Buch, auf ein Sparkonto, sodass seine Versorgung auch in Zukunft gesichert ist, wenn Pearl und ich nicht mehr da sind.

Vor ein paar Jahren parkten wir samstagmorgens auf einem Behindertenparkplatz vor dem Supermarkt. Ich suchte im Handschuhfach nach meiner Behindertenplakette zum Aufhängen.

»Mr Bradford, was machen Sie da?«

»Ich suche meine Behindertenplakette.«

»Ich wusste gar nicht, dass Sie behindert sind.«

»Bin ich auch nicht, du Armleuchter, aber du.«

»Ach ja, das hatte ich ganz vergessen.«

Manchmal hält er sich für den Normaleren von uns beiden.

Ein Ausflug wird mir für den Rest meines Lebens in Erinnerung bleiben. Ich fuhr nach Huntsville in Alabama, um meinen Bruder nach einer OP im Krankenhaus zu besuchen. Pearl hatte eingewilligt, dass HK mich an dem Nachmittag auf der kurzen Fahrt begleiten durfte. Knapp 50 Kilometer südlich von Brentwood sah ich auf der I65 ein Schild für die Ausfahrt Columbia in anderthalb Kilometern. Spontan fragte ich HK, ob er gern einmal das Grab seiner Mutter besuchen würde. Er sagte Ja.

Wir nahmen die Ausfahrt und bogen unten am Ende des langen Hügels links ab. Ich fuhr unter der Highway-Brücke entlang und sah links schon die Zufahrt zum Friedhof. Wir bogen langsam ein und passierten das Marmorschild mit der Aufschrift *Jones-Friedhof*. Mir entging nicht, dass diese ewige Ruhestätte zwischen einem 24-Stunden-Rasthof auf der einen und dem Highway auf der anderen Seite lag. Das ständige Donnern der Sattelzüge und der dauernde Verkehrslärm verliehen dieser Grabstätte alles andere als eine friedliche Atmosphäre.

Wir waren die Einzigen dort und fuhren langsam den Kiesweg entlang. Aufmerksam las ich die eingravierten Namen der Grabsteine. In die helle Nachmittagssonne blinzelnd, erkannte ich direkt rechts neben dem Weg schließlich den Namen Mary K. Moon Davidson. Ich half HK aus dem Wagen und hielt auf dem Weg zum Grab seine Hand. Als wir den Grabstein erreichten, bemerkte ich dreierlei: Am Stein klebte ein kleines, ovales Farbfoto seiner Mutter. Das Gras war erst kürzlich gemäht worden, sodass die Überreste noch den Fuß der Grabplatte bedeckten. Und eine kleine Vase mit einer einzelnen gelben, fast schon zu weiß verblassten Kunstblume war in die rote Erde eingegraben. Es war schon eine Weile her, seit der letzte Besucher hier gewesen war.

Ich legte HKs kleine linke Hand auf den Rand des Steins, damit er sich abstützen konnte. Mit leiser Stimme beschrieb ich die schulterlangen, goldbraunen Haare seiner Mutter, ihre dunklen Augen, ihre makellose Haut und ihr zurückhaltendes Lächeln, das perfekt zu ihrer schlichten beige-weißen Bluse passte. Mir stiegen Tränen in die Augen, als ich wie gebannt auf dieses Foto blickte. Nachdem ich mich kurz gesammelt hatte, erklärte ich ihm, er sei das genaue Ebenbild seiner Mutter. Aber meine Tränen flossen mit voller Macht, als er sanft antwortete: »Ich wünschte, meine Mutter wäre nicht gestorben. Ich glaube, sie hätte mich geliebt.«

Ich weiß, dass Mary ihren Sohn geliebt hätte, aber ich kann mir niemanden vorstellen, der ihn mehr lieben könnte als ich. Es vergeht kein Tag, an dem ich nicht an ihn denke oder ihn in irgendeinem Gespräch erwähne. Er wird immer meinen Glauben bestätigen, dass Gott auch heute noch Wunder parat hat. Ich frage mich häufig, wie viel besser unsere Welt wäre, wenn jeder das Leben so betrachten würde wie HK – mit dem Herzen statt mit den Augen.

NACHWORT –
ZU NEUEM LEBEN ERWACHT

Vor 16 Jahren, an einem Oktobermorgen, der zu kalt und windig war für die Jahreszeit, begannen ein Mann mittleren Alters und ein blinder Junge mit Behinderungen, der am Fenstertisch einer Imbissstube saß, eine gemeinsame Lebensreise. Der Mann glaubte, er besäße alles und ihm fehle nichts. Aber dieses Kind mit dem Engelsgesicht, dem schüchternen Lächeln, der unpassenden Kleidung und den Schienen an beiden Beinen erschütterte ihn bis ins Mark. Der Junge brauchte zwei gesunde Augen, also lieh er sich die seines Freundes. Der gelähmte Junge brauchte zwei gesunde Beine, also trug ihn der Mann zu Welten, von deren Existenz er nichts wusste. Zusammen erkundeten sie unerforschte Gebiete und unterwegs erwachten beide und sahen die Welt deutlicher, als sie es für möglich gehalten hätten.

Der Mann tauschte seine Idealvorstellung von einem perfekten Leben gegen die von einem ehrenwerteren Leben ein. Dem Jungen wurden die Augen geöffnet für eine neue Welt, in der jeder sein Freund ist und er Kellnerinnen, Profi-Footballer, Journalisten und Country-Stars mit Vornamen kennt. Der Mann entdeckte eine neue Wirklichkeit, die von einer frischen Unschuld und einer positiven Einstellung geprägt war, eine ganz neue Welt, in der gottgeschenkte Gaben jedes Herz zutiefst berühren. Schließlich offenbarte sich ihm eine Welt des selbst erklärten Ruhms, in der Frauen keinen Tag älter als 18 aussehen und *Tschüss* keinen Platz im Wortschatz hat.

Ihre Veränderungen waren tief greifend und durchdringend, aber beide erhielten ein noch größeres Geschenk: Der kleine Junge ohne Vater fand doch noch einen Vater. Und der Mann ohne Sohn einen Sohn.

DANKSAGUNG

Auf Anregung von Karen Lowe, einer Reporterin aus der Gegend, begann ich vor 13 Jahren zu Hause auf meinem Rechner ein Liebeswerk und hielt die Erfahrungen meiner ungewöhnlichen Freundschaft mit HK fest. Ich möchte mich für die große Unterstützung bedanken, die ich bei der Veröffentlichung unserer Geschichte erhalten habe.

Mein Freund Andy Hardin hat sich diesem Projekt verschrieben und er hat zahllose Stunden damit verbracht, das Manuskript zu verbessern. Ohne seine Hilfe, seine Hingabe und seine Überzeugung, dass wir eine mutmachende Geschichte zu erzählen haben, wäre dieses Projekt nie entstanden.

Als Neuling in der Verlagswelt hatte ich keine Ahnung, was mich erwartete. Ich glaube, es war Gottes heilige Vorsehung, die uns zu unserem Agenten Frank Breeden von *Premiere Authors* geführt hat. Bereitwillig las er das Manuskript eines unbekannten Autors, gab uns fachmännische Ratschläge für den Aufbau der Geschichte und präsentierte sie den kreativen und begabten Profis der *W Publishing Group*, die mit Leidenschaft bei der Sache sind. Mein tiefster Dank gilt dem visionären *W-Team*, allen voran Debbie Wickwire, Paula Major, Lori Jones, Lori Cloud und meinem Mentor Tom Williams.

Ich werde Pearl, HK und Brenda immer dankbar sein, dass sie es mir mit ihrer Geduld, ihrem Vertrauen und ihrem Zuspruch ermöglicht haben, der Welt unsere Geschichte zu erzählen.

Tahni Cullen, Cheryl Ricker

Josiahs Stimme
Ein stummer Junge erzählt vom Himmel

Gebunden, 14 x 21,5 cm, 312 Seiten
Nr. 395.770, ISBN 978-3-7751-5770-4

Josiah ist ein lebensfroher Junge, dann hört er auf zu spielen und ver-
stummt: Diagnose Autismus. Fünf Jahre später fängt er urplötzlich an,
ganze Sätze zu tippen. Josiah berichtet von Begegnungen im Himmel
und schreibt Texte voller Weisheit. Ein mutmachendes Zeugnis für uns.

Jonas Zachmann, Doro Zachmann

Bin kein Star, bin ich
Knüller Jonas sucht seinen Platz im Leben

Gebunden, 14 x 21,5 cm, 320 Seiten
Nr. 395.651, ISBN 978-3-7751-5651-6

»Knüller Jonas« (23) ist von zu Hause ausgezogen, arbeitet in einer
Schreinerei und liebt die Bühne. Doch immer wieder ringt der Mann
mit Down-Syndrom darum, wer er wirklich ist. Eines hat er erkannt:
»Gott mag mich, ich bin! Also, nieße ich meine Leben!« Mit vielen Fotos.

Bitte fragen Sie in Ihrer Buchhandlung nach diesen Büchern!
Oder schreiben Sie an: SCM Verlag, D-71087 Holzgerlingen;
E-Mail: info@scm-verlag.de; Internet: www.scm-verlag.de